DELICII CU CREMA DE LAPTE

100 DE REȚETE PENTRU A-ȚI ÎMBUNĂTĂȚI ABILITĂȚILE DE GĂTIT ȘI PENTRU A ADUCE AROME GLOBALE ÎN BUCĂTĂRIA TA

Delia Chirilă

Toate drepturile rezervate.

Disclaimer

Informațiile conținute în această Carte sunt menite să servească drept o colecție cuprinzătoare de strategii despre care autorul acestei Cărți a făcut cercetări. Rezumatele, strategiile, sfaturile și trucurile sunt recomandate doar de autor, iar citirea acestei Cărți nu va garanta că rezultatele cuiva vor oglindi exact rezultatele autorului. Autorul Cărții a depus toate eforturile rezonabile pentru a oferi informații actuale și exacte pentru cititorii Cărții. Autorul și asociații săi nu vor fi făcuți la răspundere pentru orice eroare sau omisiuni neintenționate care pot fi găsite. Materialul din Cartea poate include informații de la terți. Materialele terților cuprind opinii exprimate de proprietarii acestora. Ca atare, autorul Cărții nu își asumă responsabilitatea sau răspunderea pentru niciun material sau opinii ale unor terți.

Cartea are drepturi de autor © 2022 cu toate drepturile rezervate. Este ilegal să redistribuiți, să copiați sau să creați lucrări derivate din această Carte, integral sau parțial. Nicio parte a acestui raport nu poate fi reprodusă sau retransmisă sub nicio formă, fără permisiunea scrisă exprimată și semnată din partea autorului.

CUPRINS

CUPRINS 3
INTRODUCERE .... ERROR! BOOKMARK NOT DEFINED.
LAPTE DE CEREALE 6
   1. CRUNCH DE FULGI DE PORUMB 7
   2. CRUNCH DE PIETRICELE FRUCTATE 9
   3. CRUNCH DE COVRIGI 11
   4. RITZ CRUNCH 13
   5. TOAST CROCANT CU SCORȚIȘOARĂ 15
   6. CROCANT CU UNT DE ARAHIDE 17
   7. CROCANT DE ALUNE 19
   8. CROCANT DE FISTIC 21
   9. CEAI CRUNCH THAILANDEZ 23
   10. PB ȘI J CRUNCH 25
   11. PRAJITURI CU FULGI DE PORUMB-CIOCOLATA-CHIP-MARSHMALLOW 27
   12. PRAJITURI DE VACANTA 30
   13. PRAJITURI CU AFINE SI CREMA 32
   14. PRAJITURI DE CIOCOLATA-CIOCOLATA 35
   15. FURSECURI CONFETTI 38
   16. PRAJITURI DE COMPOST 41
   17. PRAJITURI CU UNT DE ARAHIDE 44
   18. PRAJITURA DE OVAZ 47
   19. LAPTE DE CEREALE 50
   20. PANNA COTTA CU LAPTE DE CEREALE 52
   21. INGHETATA CU LAPTE DE CEREALE 54
   22. INGHETATA CU LAPTE DE CEREALE CU FRUCTE 56
   23. RUSKIE DE CEREALE ALB-LAPTE 58
   24. PLĂCINTĂ CU ÎNGHEȚATĂ CU CEREALE DIN PORUMB DULCE 60
   25. FURSECURI DE PORUMB 62
   26. PLĂCINTĂ CU ÎNGHEȚATĂ CU LAPTE DE CEREALE 65
   27. PB ȘI J PLĂCINTĂ 67
   28. PLĂCINTĂ CU GREPFRUT 69
   29. PLĂCINTĂ CU CREMĂ DE BANANE 71
   30. PLĂCINTĂ CU BROWNIE 74
   31. PLĂCINTĂ CU LĂCUSTE 78
   32. PLĂCINTĂ BLONDĂ 81

33. Umplutură de plăcintă blondă 83
34. Plăcintă cu bomboane 85
35. Plăcintă cu chiflă cu scorțișoară 88
36. Bezea cu lămâie–plăcintă cu fistic 91
37. Umplutură de plăcintă cu crack 94
38. Plăcintă cu crack 96
39. Pesmet de lapte 99
40. Pesmet de lapte de fructe de padure 101
41. Pesmet de tort de ziua de nastere 103
42. Pesmet de lapte malt 105
43. Pesmet de ciocolată 107
44. Pesmet de plăcintă 109
45. Glazură de firimituri de plăcintă 111
46. Crusta de ciocolata 113
47. Crusta Graham 115
48. Aluat mama 117
49. Înghețată Graham 119
50. Sorbet alb de piersici 122
51. Înghețată de catifea roșie 124
52. Sorbet de guava 126
53. Inghetata Cheesecake 128
54. Sorbet de pere 130
55. Căpșuni macerate cu leuștean 132
56. Sorbet de căpșuni Tristar 134
57. Iaurt înghețat Chèvre 136
58. Sorbet de struguri Concord 138
59. Inghetata de covrig 140
60. Tort cu fistic 142
61. Tort cu fistic 145
62. Glazura de fistic 148
63. Tort stratificat cu ciocolată 150
64. Tort cu ciocolată 153
65. Glazura de cafea 156
66. Tort de zi de nastere 158
67. Tort aniversar 161
68. Glazura pentru tort de aniversare 164
69. Tort strat de morcovi 167
70. Tort cu morcovi 170

71. Glazura Graham 173
72. Trufe de tort de morcovi 175
73. Umplutură de cheesecake cu mentă 178
74. Glazură de mentă 180
75. Tort cu strat de malț de ciocolată 182
76. Tort de ciocolata 185
77. Tort cu strat de plăcintă cu mere 188
78. Tort cu unt brun 191
79. Cheesecake lichid 194
80. Tort cu strat de banane 197
81. Tort cu banane 200
82. Glazura de alune 203
83. Sos fudge 205
84. Sos fudge de malț 207
85. Sos fudge Earl Grey 209
86. Ganache de dovleac 211
87. Ganache de rădăcină de țelină 213
88. Ganache de sfeclă-lai 216
89. Ganache de ciocolată cu alune 219
90. Graham ganache 221
91. Grapefruit caș de pasiune 223
92. Grapefruit condensat îndulcit 226
93. Caș de fructul pasiunii 228
94. Lemon curd 230
95. Croasante cu kimchi și brânză albastră 232
96. Croasante de curcan, elvețieni și muștar 236
97. Tartă cu merișoare cu susul în jos 239
98. Tarta cu mere zmeura 241
99. Tarta cu anghinare 244
100. Tartă cu zară de afine 247

CONCLUZIE .... ERROR! BOOKMARK NOT DEFINED.

LAPTE DE CEREALE

1. Crunch de fulgi de porumb

FACE Aproximativ 360 G (4 CANI)

Ingrediente
- 170 g fulgi de porumb [½ cutie (12 uncii) (5 căni)]
- 40 g lapte praf [½ cană]
- 40 g zahăr [3 linguri]
- 4 g sare cușer [1 linguriță]
- 130 g unt, topit [9 linguri]

Directii
a) Încinge cuptorul la 275°F.
b) Turnați fulgii de porumb într-un castron mediu și zdrobiți-i cu mâinile până la un sfert din dimensiunea lor inițială. Adăugați laptele praf, zahărul și sarea și amestecați. Adăugați untul și amestecați pentru a se acoperi. Pe măsură ce aruncați, untul va acționa ca un lipici, legând ingredientele uscate de cereale și creând grupuri mici.
c) Întindeți ciorchinii pe o tavă tapetată cu pergament sau cu Silpat și coaceți timp de 20 de minute, moment în care ar trebui să arate prăjite, să miroasă unt și să se cronească ușor când s-au răcit ușor și sunt mestecate.
d) Răciți complet crunchul de fulgi de porumb înainte de depozitare sau utilizare.

2. Crunch cu pietricele fructate

FACE Aproximativ 225 G (3 CANI)

Ingrediente
- 120 g Pietricele cu fructe [cutie de ¼ (17 uncii) (2½ căni)]
- 20 g lapte praf [¼ cană]
- 12 g zahăr [1 lingură]
- 1 g sare cușer [¼ linguriță]
- 85 g unt, topit [6 linguri]

Directii
a) Încinge cuptorul la 275°F.
b) Turnați pietricelele fructate într-un castron mediu și zdrobiți-le cu mâinile până la un sfert din dimensiunea lor inițială. Adăugați laptele praf, zahărul și sarea și amestecați. Adăugați untul și amestecați pentru a se acoperi. Pe măsură ce aruncați, untul va acționa ca un lipici, legând ingredientele uscate de cereale și creând grupuri mici.
c) Întindeți ciorchinii pe o tavă tapetată cu pergament sau cu Silpat și coaceți timp de 20 de minute, moment în care ar trebui să arate prăjite, să miroasească unt și să se cronească ușor când s-au răcit ușor și sunt mestecate.
d) Răciți complet crunch-ul înainte de depozitare sau utilizare.

3. Crunch de covrigi

REALIZA CEVA 250 G (2 CANI)

Ingrediente
- 100 g mini covrigei
- 60 g zahăr brun deschis [¼ cană bine ambalat]
- 25 g zahăr [2 linguri]
- 20 g lapte praf [¼ cană]
- 10 g praf de malț [1 lingură]
- 100 g unt, topit [7 linguri]

Directii
a) Încinge cuptorul la 275°F.
b) Turnați covrigii într-un bol mediu și zdrobiți-i cu mâinile până la un sfert din dimensiunea lor inițială. Adăugați praful de malț, laptele praf, zahărul și sarea și amestecați pentru a se amesteca. Adăugați untul și amestecați pentru a se acoperi. Pe măsură ce aruncați, untul va acționa ca un lipici, legând ingredientele uscate de cereale și creând grupuri mici.
c) Întindeți ciorchinii pe o tavă tapetată cu pergament sau cu Silpat și coaceți timp de 20 de minute, moment în care ar trebui să arate prăjite, să miroasească unt și să se croneasca ușor când s-au răcit ușor și sunt mestecate.
d) Răciți complet crunch-ul înainte de depozitare sau utilizare.

4. Ritz crunch

FACE Aproximativ 275 G (2 CANI)

Ingrediente
- 110 g biscuiți Ritz [1 manșon]
- 100 g zahăr [½ cană]
- 20 g lapte praf [¼ cană]
- 2 g sare cușer [½ linguriță]
- 100 g unt, topit [7 linguri]

Directii
a) Încinge cuptorul la 275°F.
b) Turnați biscuiții într-un castron mediu și zdrobiți-i cu mâinile până la un sfert din dimensiunea lor inițială. Adăugați laptele praf, zahărul și sarea și amestecați. Adăugați untul și amestecați pentru a se acoperi. Pe măsură ce aruncați, untul va acționa ca un lipici, legând ingredientele uscate de cereale și creând grupuri mici.
c) Întindeți ciorchinii pe o tavă tapetată cu pergament sau cu Silpat și coaceți timp de 20 de minute, moment în care ar trebui să arate prăjite, să miroasă unt și să se cronească ușor când s-au răcit ușor și sunt mestecate.
d) Răciți complet crunchul de fulgi de porumb înainte de depozitare sau utilizare.

5. Toast crocant cu scorțișoară

REALIZA CEVA 250 G (2 CANI)

Ingrediente
- 100 g pâine albă pentru sandvișuri [¼ (1 liră) pâine]
- 115 g unt brun, doar cald [⅓ cană]
- 100 g zahăr [½ cană]
- 2 g sare cușer [½ linguriță]
- 2 g scorțișoară măcinată [1 linguriță]

Directii
a) Încinge cuptorul la 325°F.
b) Rupeți pâinea în bucăți de ½ inch. Pune-l într-un castron, apoi stropește-l și amestecă-l cu untul brun. Lăsați pâinea la înmuiat timp de 1 minut.
c) Adăugați zahărul, sarea și scorțișoara în pâine și amestecați bine. Întindeți amestecul pe o tavă tapetată cu pergament sau cu Silpat și coaceți timp de 25 de minute.
d) Scoateți ușor tava din cuptor și, folosind o spatulă, o lingură sau orice aveți, spargeți puțin crocanta de pâine prăjită cu scorțișoară și aruncați-o, pentru a vă asigura că se caramelizează și se usucă. Coaceți încă 5 minute sau mai mult, până când aveți ciorchini uscati și caramelizat.
e) Răciți complet crunchul de pâine prăjită cu scorțișoară înainte de a-l depozita sau folosi.

6. Crocant cu unt de arahide

FACE Aproximativ 515 G (3½ CANI)

Ingrediente
- 195 g unt de arahide Skippy [¾ cană]
- ⅓ porție Peanut Brittle
- 120 g feuilletine [1½ cani]
- 120 g zahăr de cofetarie [¾ cană]
- 2 g sare cușer [½ linguriță]

Directii

a) Combinați untul de arahide, fragilul, feuilletine, zahărul de cofetarie și sarea în vasul unui mixer cu suport prevăzut cu accesoriul cu palete și rulați la viteză medie-mică timp de aproximativ 1 minut, până când se omogenizează.

b) Crunchul poate fi păstrat într-un recipient ermetic la temperatura camerei timp de 5 zile sau la frigider până la 2 săptămâni.

7. Crocant de alune

REALIZA CEVA 280 G (2 CANI)

Ingrediente
- 100 g pastă de alune [⅓cană]
- ⅓porție Hazelnut Brittle [80 g (½ cană)]
- 80 g feuilletine [1 cană]
- 20 g zahăr de cofetarie [2 linguri]
- 3 g sare cușer [¾ linguriță]

Directii
a) Combinați pasta de alune, casantă, feuilletine, zahărul de cofetă și sarea în vasul unui mixer cu suport prevăzut cu accesoriul cu paletă și zbârciți la viteză medie-mică timp de aproximativ 1 minut, până când se omogenizează.

b) Crunchul poate fi păstrat într-un recipient ermetic la temperatura camerei timp de 5 zile sau la frigider până la 2 săptămâni.

8. Crocant de fistic

REALIZA CEVA 330 G (2 CANI)

Ingrediente

- 75 g fistic, crud, nesărat [½ cană]
- 155 g pastă de fistic [½ cană]
- 60 g feuilletine [¾ cană]
- 40 g zahăr de cofetă [¼ cană]
- 4 g sare cușer [1 linguriță]

Directii

a) Încinge cuptorul la 325°F.

b) Pune fisticul pe o tava si prajeste la cuptor pentru 15 minute. Se răcește la temperatura camerei.

c) Puneți fisticul prăjit într-un prosop de bucătărie curat și, cu o tigaie sau un sucitor, tăiați-le în bucăți mai mici, în mod ideal, fisticul înjumătățit sau descompunându-le la nu mai puțin de o opteme din dimensiunea lor originală.

d) Combină fisticul rupt cu pasta de fistic, feuilletine, zahărul de cofetă și sarea în vasul unui mixer cu suport prevăzut cu accesoriul cu paletă și se agită la viteză medie-mică timp de aproximativ 1 minut, până se omogenizează. Crunchul poate fi păstrat într-un recipient ermetic la temperatura camerei timp de 5 zile sau la frigider până la 2 săptămâni.

9. Crunch de ceai thailandez

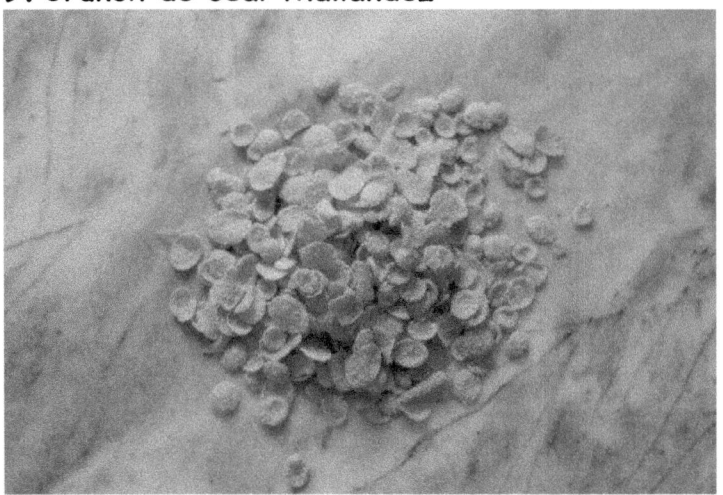

FACE Aproximativ 140 G (1 CESTĂ)

Ingrediente
- 15 g migdale felii [2 linguri]
- 55 g unt de migdale [¼ cană]
- 40 g feuilletine [½ cană]
- 30 g zahăr de cofetarie [3 linguri]
- 2 g sare cușer [½ linguriță]
- 8 g frunze de ceai negru thailandez [1½ linguriță]
- 0,25 g acid citric [pic mic]

Directii
a) Încinge cuptorul la 325°F.
b) Pune migdalele pe o tava si prajesti la cuptor pentru 15 minute. Se răcește la temperatura camerei.
c) Pune migdalele prăjite într-un prosop de bucătărie curat și, cu o tigaie sau un sucitor, tăiați-le în bucăți mai mici, în mod ideal, înjumătățind migdalele sau descompunându-le la nu mai puțin de o optime din dimensiunea lor originală.
d) Se combină migdalele rupte cu untul de migdale, feuilletine, zahărul de cofetă și sarea în vasul unui mixer cu suport prevăzut cu accesoriul cu paletă și se agită la viteză medie-mică timp de aproximativ 1 minut, până se omogenizează.
e) Crunchul poate fi păstrat într-un recipient ermetic la temperatura camerei timp de 5 zile sau la frigider până la 2 săptămâni.

10. PB și J Crunch

PORȚII 4

Ingrediente
- ½ porție Concord Grape Jelly
- ½ porție Crunch cu unt de arahide

1 porție Panna Cotta sărată

Directii
a) Împărțiți jeleul în mod egal în 4 boluri de servire.
b) Puneți un tăietor circular de biscuiți de 1 inch sau o formă circulară pe o farfurie mică și folosiți o lingură pentru a apăsa ferm un sfert din untul de arahide în cerc, făcând o rotundă de ½ inch înălțime. Transferați runda de crunch în primul castron, scoțând-o din formă pe jeleu. Repetați pentru celelalte 3 boluri.
c) Cu o spatulă compensată, transferați cu atenție 1 panna cotta în partea de sus a fiecărei runde de unt de arahide. Serviți imediat.

11. Prajituri cu fulgi de porumb-ciocolata-chip-marshmallow

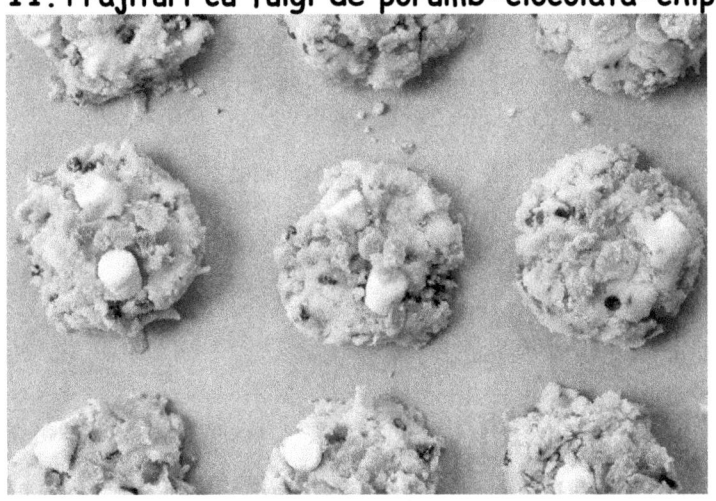

FACE 15 PÂNĂ 20 DE COOKIES

Ingrediente
- 225 g unt, la temperatura camerei [16 linguri]
- 250 g zahăr granulat [1¼ cani]
- 150 g zahăr brun deschis [¼ cană bine ambalat]
- 1 ou
- 2 g extract de vanilie [½ linguriță]
- 240 g faina [1½ cani]
- 2 g praf de copt [½ linguriță]
- 1,5 g bicarbonat de sodiu [¼ linguriță]
- 5 g sare cușer [1¼ linguriță]
- ¾ porție Cornflake Crunch [270 g (3 căni)]
- 125 g mini chipsuri de ciocolată [¼ cană]
- 65 g mini marshmallows [1¼ cani]

Directii
a) Combinați untul și zaharurile în vasul unui mixer cu suport echipat cu accesoriul cu paletă și smântână împreună la foc mediu-mare timp de 2 până la 3 minute. Răzuiți părțile laterale ale bolului, adăugați oul și vanilia și bateți timp de 7 până la 8 minute.

b) Reduceți viteza mixerului la minim și adăugați făina, praful de copt, bicarbonatul de sodiu și sarea. Se amestecă doar până când aluatul se îmbină, nu mai mult de 1 minut. (Nu vă îndepărtați de mașină în timpul acestui pas, altfel veți risca să amestecați prea mult aluatul.) Răzuiți părțile laterale ale bolului cu o spatulă.

c) Încă la viteză mică, introduceți fulgi de porumb crocant și mini fulgi de ciocolată doar până când sunt încorporate, nu mai mult de 30 până la 45 de secunde. Vâsliți în mini bezele până când sunt încorporate.

d) Folosind o lingură de înghețată de 2¾ uncii (sau o măsură de ⅓ cană), porționați aluatul pe o tavă tapetată cu pergament.

Lipiți partea superioară a cupolelor de aluat de biscuiți. Înfășurați strâns tava în folie de plastic și lăsați-o la frigider pentru cel puțin 1 oră sau până la 1 săptămână. Nu coaceți fursecurile de la temperatura camerei - nu își vor păstra forma.

e) Încinge cuptorul la 375°F.

f) Aranjați aluatul răcit la o distanță de minim 4 inci unul de celălalt pe tavi tapetate cu pergament sau Silpat. Coaceți timp de 18 minute. Fursecurile se vor umfla, vor trosni și se vor răspândi. La 18 minute, prăjiturile ar trebui să fie rumenite pe margini și abia încep să se rumenească spre centru. Lăsați-le la cuptor încă un minut și ceva dacă nu sunt și încă par palide și aluoase la suprafață.

g) Răciți fursecurile complet pe tavă înainte de a le transfera pe o farfurie sau într-un recipient etanș pentru depozitare. La temperatura camerei, fursecurile se vor păstra proaspete timp de 5 zile; la congelator se vor păstra 1 lună.

12. Prajituri de vacanta

FACE 18 PÂNĂ 22 DE COOKIES

Ingrediente
- 200 g mentă sau trestie de bomboane
- prăjituri fructate pebble marshmallow

Directii
a) Urmați instrucțiunile pentru prăjiturile cu fulgi de porumb-ciocolată-chip-marshmallow, înlocuind Fruity Pebble Crunch cu fulgi de porumb și omițând chipsurile de ciocolată.

13. Fursecuri cu afine și smântână

FACE 12 PÂNĂ 17 COOKIE-uri

Ingrediente
- 225 g unt, la temperatura camerei [16 linguri (2 bețișoare)]
- 150 g zahăr granulat [¾ cană]
- 150 g zahăr brun deschis [¼ cană bine ambalat]
- 100 g glucoză [¼ cană]
- 2 oua
- 320 g făină [2 căni]
- 2 g praf de copt [½ linguriță]
- 1,5 g bicarbonat de sodiu [¼ linguriță]
- 6 g sare kosher [1½ linguriță]
- ½ porție pesmet de lapte
- 130 g afine uscate [¾ cană]

Directii

a) Combinați untul, zaharurile și glucoza în vasul unui mixer cu suport prevăzut cu accesoriul cu paletă și smântâna la foc mediu-mare timp de 2 până la 3 minute. Răzuiți părțile laterale ale bolului, adăugați ouăle și bateți timp de 7 până la 8 minute.

b) Reduceți viteza mixerului la minim și adăugați făina, praful de copt, bicarbonatul de sodiu și sarea. Se amestecă doar până când aluatul se îmbină, nu mai mult de 1 minut. (Nu vă îndepărtați de mașină în timpul acestui pas, altfel veți risca să amestecați prea mult aluatul.) Răzuiți părțile laterale ale bolului cu o spatulă.

c) Încă la viteză mică, adăugați pesmetul de lapte și amestecați până se încorporează, nu mai mult de 30 de secunde. Urmărește firimiturile de lapte cu afinele uscate, amestecându-le timp de 30 de secunde.

d) Folosind o lingură de înghețată de 2¾ uncii (sau o măsură de ⅓ cană), porționați aluatul pe o tavă tapetată cu pergament. Lipiți partea superioară a cupolelor de aluat de biscuiți.

Înfășurați strâns tava în folie de plastic și lăsați-o la frigider pentru cel puțin 1 oră sau până la 1 săptămână. Nu coaceți prăjiturile de la temperatura camerei - nu se vor coace corect.
e) Încinge cuptorul la 350°F.
f) Aranjați aluatul răcit la o distanță de minim 4 inci unul de celălalt pe tavi tapetate cu pergament sau Silpat. Coaceți timp de 18 minute. Fursecurile se vor umfla, vor trosni și se vor răspândi. După 18 minute, acestea ar trebui să fie foarte ușor rumenite pe margini, dar încă galben strălucitor în centru; acordă-le un minut în plus dacă nu este cazul.
g) Răciți fursecurile complet pe tavă înainte de a le transfera pe o farfurie sau într-un recipient etanș pentru depozitare. La temperatura camerei, fursecurile se vor păstra proaspete timp de 5 zile; la congelator se vor păstra 1 lună.

14. Prajituri de ciocolata-ciocolata

FACE 10 PÂNĂ 15 COOKIE-uri

Ingrediente
- 225 g unt, la temperatura camerei [16 linguri]
- 300 g zahăr [1½ cană]
- 100 g glucoză [¼ cană]
- 1 ou
- 1 g extract de vanilie [¼ linguriță]
- 60 g ciocolată 55%, topită [2 uncii]
- 200 g făină [1¼ cani]
- 100 g cacao pudră
- 3 g praf de copt [¾ linguriță]
- 1,5 g bicarbonat de sodiu [¼ linguriță]
- 7 g sare kosher [1¾ linguriță]
- ½ porție pesmet de ciocolată

Directii
a) Combinați untul, zahărul și glucoza în vasul unui mixer cu suport prevăzut cu accesoriul cu paletă și smântână împreună la foc mediu-mare timp de 2 până la 3 minute. Răzuiți părțile laterale ale bolului, adăugați oul, vanilia și ciocolata topită și bateți timp de 7 până la 8 minute.

b) Reduceți viteza mixerului la minim și adăugați făina, pudra de cacao, praful de copt, bicarbonatul de sodiu și sarea. Se amestecă doar până când aluatul se îmbină, nu mai mult de 1 minut. (Nu vă îndepărtați de mașină în timpul acestui pas, altfel veți risca să amestecați prea mult aluatul.) Răzuiți părțile laterale ale bolului cu o spatulă.

c) Tot la viteza mica, adaugam pesmetul de ciocolata si amestecam doar pana se incorporeaza, aproximativ 30 de secunde.

d) Folosind o lingură de înghețată de 2¾ uncii (sau o măsură de ⅓ cană), porționați aluatul pe o tavă tapetată cu pergament. Lipiți partea superioară a cupolelor de aluat de biscuiți.

Înfășurați strâns tava în folie de plastic și lăsați-o la frigider pentru cel puțin 1 oră sau până la 1 săptămână. Nu coaceți prăjiturile de la temperatura camerei - nu se vor coace corect.

e) Încinge cuptorul la 375°F.
f) Aranjați aluatul răcit la o distanță de minim 4 inci unul de celălalt pe tavi tapetate cu pergament sau Silpat. Coaceți timp de 18 minute. Fursecurile se vor umfla, vor trosni și se vor răspândi. Este greu (cam imposibil) să măsurați dacă o prăjitură atât de neagră cu ciocolată este gata. Daca dupa 18 minute, fursecurile inca par aluoase in centru, mai dati-le 1 minut la cuptor, dar nu mai mult.
g) Răciți fursecurile complet pe tavă înainte de a le transfera pe o farfurie sau într-un recipient etanș pentru depozitare. La temperatura camerei, fursecurile se vor păstra proaspete timp de 5 zile; la congelator se vor păstra 1 lună.

15. Fursecuri confetti

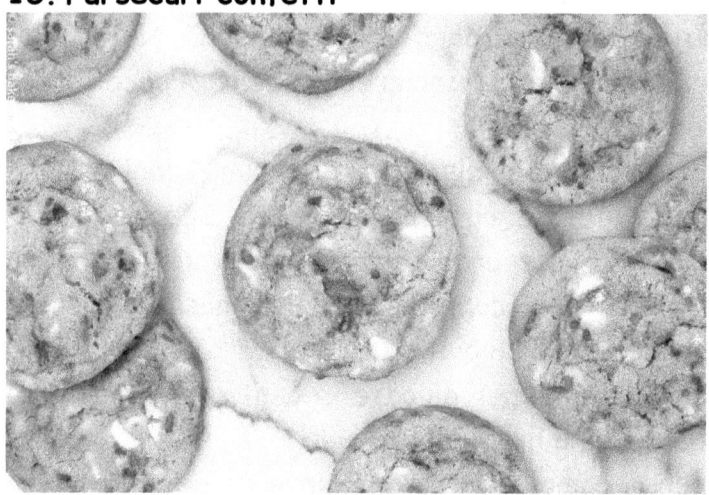

FACE 15 PÂNĂ 20 DE COOKIES

Ingrediente
- 225 g unt, la temperatura camerei
- 300 g zahăr [1½ cană]
- 50 g glucoză [2 linguri]
- 2 oua
- 8 g extract clar de vanilie [2 lingurițe]
- 400 g făină [2½ căni]
- 50 g lapte praf [¼ cană]
- 9 g crema de tartru [2 lingurite]
- 6 g bicarbonat de sodiu [1 lingurita]
- 5 g sare cușer [1¼ linguriță]
- 40 g stropi curcubeu [¼ cană]
- ½ porție Crumb de tort de aniversare

Directii
a) Combinați untul, zahărul și glucoza în vasul unui mixer cu suport prevăzut cu accesoriul cu paletă și smântână împreună la foc mediu-mare timp de 2 până la 3 minute. Răzuiți părțile laterale ale bolului, adăugați ouăle și vanilia și bateți timp de 7 până la 8 minute.
b) Reduceți viteza mixerului la minim și adăugați făina, laptele praf, crema de tartru, bicarbonatul de sodiu, sare și stropii curcubeu. Se amestecă doar până când aluatul se îmbină, nu mai mult de 1 minut.
c) Răzuiți părțile laterale ale vasului cu o spatulă.
d) Încă la viteză mică, adăugați firimiturile de tort de ziua de naștere și amestecați timp de 30 de secunde - doar până când sunt încorporate.
e) Folosind o lingură de înghețată de 2¾ uncii (sau o măsură de ⅓ cană), porționați aluatul pe o tavă tapetată cu pergament. Lipiți partea superioară a cupolelor de aluat de biscuiți. Înfășurați strâns tava în folie de plastic și lăsați-o la frigider

pentru cel puțin 1 oră sau până la 1 săptămână. Nu coaceți prăjiturile de la temperatura camerei - nu se vor coace corect.

f) Încinge cuptorul la 350°F.

g) Aranjați aluatul răcit la o distanță de minim 4 inci unul de celălalt pe tavi tapetate cu pergament sau Silpat. Coaceți timp de 18 minute. Fursecurile se vor umfla, vor trosni și se vor răspândi. După 18 minute, acestea trebuie să fie foarte ușor rumenite pe margini (maro auriu pe fund). Centrele vor arăta doar primele semne de culoare. Lăsați fursecurile la cuptor încă un minut sau cam așa ceva dacă culorile nu se potrivesc și fursecurile par încă palide și aluoase la suprafață.

h) Răciți fursecurile complet pe tavă înainte de a le transfera pe o farfurie sau într-un recipient etanș pentru depozitare. La temperatura camerei, fursecurile se vor păstra proaspete timp de 5 zile; la congelator se vor păstra 1 lună.

16. Prajituri de compost

FACE 15 PÂNĂ 20 DE COOKIES

Ingrediente
- 225 g unt, la temperatura camerei [16 linguri (2 bețișoare)]
- 200 g zahăr granulat [1 cană]
- 150 g zahăr brun deschis [¼ cană bine ambalat]
- 50 g glucoză [2 linguri]
- 1 ou
- 2 g extract de vanilie [½ linguriță]
- 225 g făină [1⅓ cani]
- 2 g praf de copt [½ linguriță]
- 1,5 g bicarbonat de sodiu [¼ linguriță]
- 4 g sare cușer [1 linguriță]
- 150 g mini chipsuri de ciocolată [¾ cană]
- 100 g mini chipsuri de caramel cu unt [½ cană]
- ¼ porție Crustă Graham [85 g (½ cană)]
- 40 g ovăz rulat de modă veche [⅓ cană]
- 5 g cafea măcinată [2½ lingurițe]
- 50 g chipsuri de cartofi [2 căni]
- 50 g mini covrigei [1 cană]

Directii

a) Combinați untul, zaharurile și glucoza în vasul unui mixer cu suport prevăzut cu accesoriul cu paletă și smântână împreună la foc mediu-mare timp de 2 până la 3 minute. Răzuiți părțile laterale ale bolului, adăugați oul și vanilia și bateți timp de 7 până la 8 minute.

b) Reduceți viteza la mică și adăugați făina, praful de copt, bicarbonatul de sodiu și sarea. Se amestecă doar până când aluatul se îmbină, nu mai mult de 1 minut. Răzuiți părțile laterale ale vasului cu o spatulă.

c) Încă la viteză mică, adăugați fulgii de ciocolată, chipsurile de butterscotch, crusta Graham, ovăzul și cafeaua și amestecați până când se încorporează, aproximativ 30 de secunde. Adăugați chipsurile și covrigii și paddle-ul, încă la viteză mică, până se încorporează. Aveți grijă să nu amestecați prea mult sau să nu rupeți prea mulți covrigi sau chipsuri de cartofi. Meriți o palmă pe spate dacă unul dintre prăjiturile tale se coace cu un covrig întreg în picioare în centru.

d) Folosind o lingură de înghețată de $2\frac{3}{4}$ uncii (sau o măsură de ⅓ cană), porționați aluatul pe o tavă tapetată cu pergament. Lipiți partea superioară a cupolelor de aluat de biscuiți. Înfășurați strâns tava în folie de plastic și lăsați-o la frigider pentru cel puțin 1 oră sau până la 1 săptămână. Nu coaceți prăjiturile de la temperatura camerei - nu se vor coace corect.

e) Încinge cuptorul la 375°F.

f) Aranjați aluatul răcit la o distanță de minim 4 inci unul de celălalt pe tavi tapetate cu pergament sau Silpat. Coaceți timp de 18 minute. Fursecurile se vor umfla, vor trosni și se vor răspândi. După 18 minute, acestea ar trebui să fie foarte ușor rumenite pe margini, dar încă galben strălucitor în centru. Acordați-le un minut în plus dacă nu este cazul.

g) Răciți fursecurile complet pe tavă înainte de a le transfera pe o farfurie sau într-un recipient etanș pentru depozitare. La temperatura camerei, fursecurile se vor păstra proaspete timp de 5 zile; la congelator se vor păstra 1 lună.

17. Biscuiti cu unt de arahide

FACE 15 PÂNĂ 20 DE COOKIES

Ingrediente

- 170 g unt, la temperatura camerei [12 linguri]
- 300 g zahăr [1½ cană]
- 100 g glucoză [¼ cană]
- 260 g unt de arahide Skippy [1 cană]
- 2 oua
- 0,5 g extract de vanilie [⅛ linguriță]
- 225 g făină [1⅓ cani]
- 2 g praf de copt [½ linguriță]
- 1 g bicarbonat de sodiu [⅛ linguriță]
- 9 g sare cușer [2¼ lingurițe]
- ½ porție Peanut Brittle

Directii

a) Combinați untul, zahărul și glucoza în vasul unui mixer cu suport prevăzut cu accesoriul cu paletă și smântână împreună la foc mediu-mare timp de 2 până la 3 minute. Răzuiți părțile laterale ale vasului. Puneți untul de arahide, apoi adăugați ouăle și vanilia și bateți timp de 30 de secunde la viteză medie-mare. Răzuiți părțile laterale ale bolului, apoi bateți la viteză medie-mare timp de 3 minute.

b) În acest timp granulele de zahăr se vor dizolva și amestecul de smântână își va dubla volumul. (Proporția mai mică de unt și prezența untului de arahide - care este un emulgator grozav - înseamnă că nu trebuie să faceți smântâna standard de 10 minute pentru această prăjitură.)

c) Reduceți viteza mixerului la minim și adăugați făina, praful de copt, bicarbonatul de sodiu și sarea. Se amestecă doar până când aluatul se îmbină, nu mai mult de 1 minut. Răzuiți părțile laterale ale vasului.

d) Încă la viteză mică, amestecați alunele fragile până se încorporează, nu mai mult de 30 de secunde.

e) Folosind o lingură de înghețată de $2\frac{3}{4}$ uncii (sau o măsură de ⅓ cană), porționați aluatul pe o tavă tapetată cu pergament. Lipiți partea superioară a cupolelor de aluat de biscuiți. Înfășurați strâns tava în folie de plastic și lăsați-o la frigider pentru cel puțin 1 oră sau până la 1 săptămână. Nu coaceți prăjiturile de la temperatura camerei - nu se vor coace corect.
f) Încinge cuptorul la 375°F.
g) Aranjați aluatul răcit la o distanță de minim 4 inci unul de celălalt pe tavi tapetate cu pergament sau Silpat. Coaceți timp de 18 minute. Fursecurile se vor umfla, vor trosni și se vor răspândi. După 18 minute, acestea ar trebui să fie bronzate cu pete auburn pe tot parcursul. Acordați-le un minut în plus dacă nu este cazul.
h) Răciți fursecurile complet pe tavă înainte de a le transfera pe o farfurie sau într-un recipient etanș pentru depozitare. La temperatura camerei, fursecurile se vor păstra proaspete timp de 5 zile; la congelator se vor păstra 1 lună.

18. Prajitura de ovaz

FACE APROBATII 1 SFURT TAVĂ

Ingrediente
- 115 g unt, la temperatura camerei [8 linguri (1 baton)]
- 75 g zahăr brun deschis [⅓ cană bine ambalată]
- 40 g zahăr granulat [3 linguri]
- 1 galbenus de ou
- 80 g făină [½ cană]
- 120 g de ovăz rulat de modă veche [1½ cană]
- 0,5 g praf de copt [⅛ linguriță]
- 0,25 g bicarbonat de sodiu
- 2 g sare cușer [½ linguriță]
- Pam sau alt spray de gătit antiaderent (opțional)

Directii

a) Încinge cuptorul la 350°F.

b) Combinați untul și zaharurile în vasul unui mixer cu suport prevăzut cu accesoriul cu paletă și smântână împreună la foc mediu-mare timp de 2 până la 3 minute, până când devine pufos și de culoare galben deschis. Răzuiți părțile laterale ale vasului cu o spatulă. La viteză mică, adăugați gălbenușul de ou și creșteți viteza la mediu-mare și bateți timp de 1 până la 2 minute, până când granulele de zahăr se dizolvă complet și amestecul este un alb pal.

c) La viteză mică, adăugați făina, ovăzul, praful de copt, bicarbonatul de sodiu și sarea. Amestecă timp de un minut, până când aluatul tău se îmbină și toate resturile de ingrediente uscate au fost încorporate. Aluatul va fi un amestec ușor pufos, gras în comparație cu aluatul mediu de prăjituri. Răzuiți părțile laterale ale vasului.

d) Pam-spray un sfert de tavă de foaie și tapetați cu pergament, sau doar tapetați tava cu un Silpat. Puneți aluatul de fursecuri în centrul tăvii și, cu o spatulă, întindeți-l până când are o grosime de $\frac{1}{4}$ inch. Aluatul nu va ajunge să acopere toată tava; asta e OK.

e) Coaceți timp de 15 minute sau până când seamănă cu un prăjitură cu fulgi de ovăz - caramelizat deasupra și umflat ușor, dar bine fixat. Se răcește complet înainte de utilizare. Învelit bine în plastic, prăjitura de ovăz se va păstra proaspătă la frigider până la 1 săptămână.

19. Lapte de cereale

PORȚII 4

Ingrediente
- 100 g fulgi de porumb
- 825 g lapte rece
- 30 g zahăr brun deschis
- ¼ linguriță sare kosher

Directii
a) Încinge cuptorul la 300°F.
b) Întindeți fulgii de porumb pe o tavă tapetată cu pergament. Coaceți timp de 15 minute, până se prăjește ușor. Se răcește complet.
c) Transferați fulgii de porumb răciți într-un ulcior mare. Se toarnă laptele în ulcior și se amestecă energic. Se lasa la infuzat 20 de minute la temperatura camerei.
d) Se strecoară amestecul printr-o sită cu ochiuri fine, colectând laptele într-un bol mediu. Laptele se va scurge rapid la început, apoi devine mai gros și mai bogat în amidon spre sfârșitul procesului de strecurare. Folosind dosul unui oală (sau mâna), stoarceți laptele din fulgi de porumb, dar nu forțați fulgii de porumb moale prin sită. (Compostăm resturile de fulgi de porumb sau le ducem acasă la câinii noștri!)
e) Bateți zahărul brun și sarea în lapte până se dizolvă complet. Păstrați într-un ulcior curat sau ulcior de sticlă pentru lapte, la frigider, timp de până la 1 săptămână.

20. Panna cotta cu lapte de cereale

PORȚII 4

Ingrediente
- 1½ foi de gelatină
- 1¼ cani de lapte de cereale
- 25 g zahăr brun deschis
- 1 g sare kosher

Directii
a) Infloreste gelatina.
b) Se încălzește puțin laptele de cereale și se amestecă gelatina pentru a se dizolva. Se amestecă laptele de cereale rămas, zahărul brun și sarea până se dizolvă totul, având grijă să nu încorporeze prea mult aer în amestec.
c) Pune 4 pahare mici pe o suprafață plană, transportabilă. Turnați amestecul de lapte de cereale în pahare, umplându-le în mod egal. Transferați la frigider pentru a se întări pentru cel puțin 3 ore, sau peste noapte.

21. Inghetata cu lapte de cereale

FACE Aproximativ 800 G (1 LART)
1½ foi de gelatină
Ingrediente
- 1 porție de lapte de cereale
- 4 g pudră de porumb liofilizat [2 lingurițe]
- 30 g zahăr brun deschis [2 linguri bine ambalate]
- 1 g sare cușer [¼ linguriță]
- 20 g lapte praf [¼ cană]
- 50 g glucoză [2 linguri]

Directii
a) Infloreste gelatina.
b) Se încălzește puțin laptele de cereale și se amestecă gelatina pentru a se dizolva. Se amestecă laptele de cereale rămas, praful de porumb, zahărul brun, sarea, laptele praf și glucoza până când totul este complet dizolvat și încorporat.
c) Turnați amestecul printr-o sită cu plasă fină în mașina dvs. de înghețată și congelați conform instrucțiunilor producătorului. Cel mai bine se toarnă înghețata chiar înainte de servire sau utilizare, dar se va păstra într-un recipient etanș la congelator timp de până la 2 săptămâni.

22. Inghetata cu lapte de cereale cu fructe

FACE Aproximativ 800 G (1 LART)

Ingrediente
- 1 foaie de gelatină
- 1 porție de lapte de cereale cu fructe
- 130 g zahăr [¼ cană]
- 2 g sare cușer [½ linguriță]
- 20 g lapte praf [¼ cană]
- 50 g glucoză [2 linguri]

Directii
a) Infloreste gelatina.
b) Se încălzește puțin laptele de cereale fructat și se amestecă gelatina pentru a se dizolva. Se amestecă laptele de cereale fructat rămas, zahărul, sarea, laptele praf și glucoza până când totul este complet dizolvat și încorporat.
c) Turnați amestecul printr-o sită cu plasă fină în mașina dvs. de înghețată și congelați conform instrucțiunilor producătorului. Cel mai bine se toarnă înghețata chiar înainte de servire sau utilizare, dar se va păstra într-un recipient etanș la congelator timp de până la 2 săptămâni.

23. Ruskie de cereale alb-lapte

PORȚII 2
Ingrediente
- ¼ porție bază de înghețată cu lapte de cereale; nu înghețat
- 4 g pudră de porumb liofilizat [2 lingurițe]
- 42 g Kahlua [3 linguri]
- 42 g vodcă [3 linguri]

Directii
a) Amestecați baza de înghețată, pudra de porumb, Kahlua și vodca într-un ulcior sau un castron mic.
b) Se toarnă în două pahare pline cu gheață.

24. Plăcintă cu înghețată cu cereale din porumb dulce

FACE 1 PLAINTĂ (10-INCI); PORTI 8 PÂNĂ 10

Ingrediente
- 225 g prăjituri de porumb [aproximativ 3 fursecuri]
- 25 g unt, topit sau la nevoie [2 linguri]
- 1 porție Umplutură de lapte de cereale de porumb dulce „înghețată".

Directii
a) Puneți fursecurile de porumb în robotul de bucătărie și opriți-le până când fursecurile se sfărâmă în nisip galben strălucitor.
b) Într-un castron, frământați amestecul de unt și biscuiți măcinați cu mâna până când este suficient de umed încât să formeze o minge. Dacă nu este suficient de umed pentru a face acest lucru, topește încă 14 g (1 lingură) unt și frământați-l.
c) Folosind degetele și palmele mâinilor, apăsați ferm crusta de prăjituri de porumb într-o farfurie de plăcintă de 10 inchi. Asigurați-vă că fundul și pereții farfurii de plăcintă sunt acoperite uniform. Învelită în plastic, crusta poate fi congelată până la 2 săptămâni.
d) Folosiți o spatulă pentru a răzui și întindeți umplutura de „înghețată" cu lapte de cereale în coaja plăcintei. Loviți plăcinta umplută de suprafața blatului pentru a uniformiza umplutura.
e) Congelați plăcinta pentru cel puțin 3 ore, sau până când „înghețata" este înghețată și se fixează suficient de tare pentru a fi tăiată și servită. Dacă vă păstrați feliile de rai pentru mai târziu, puteți congela plăcinta cu înghețată, învelită în plastic, timp de până la 2 săptămâni.

25. Fursecuri de porumb

FACE 13 PÂNĂ 15 COOKIE-uri

Ingrediente
- 225 g unt, la temperatura camerei
- 300 g zahăr [1½ cană]
- 1 ou
- 225 g făină [1⅓ cani]
- 45 g făină de porumb [¼ cană]
- 65 g pudră de porumb liofilizat [¼ cană]
- 3 g praf de copt [¾ linguriță]
- 1,5 g bicarbonat de sodiu [¼ linguriță]
- 6 g sare kosher [1½ linguriță]

Directii

a) Combinați untul și zahărul în bolul unui mixer cu suport prevăzut cu accesoriul cu paletă și smântâniți împreună la foc mediu-mare timp de 2 până la 3 minute. Răzuiți părțile laterale ale bolului, adăugați oul și bateți timp de 7 până la 8 minute.

b) Reduceți viteza mixerului la minim și adăugați făina, făina de porumb, praful de porumb, praful de copt, bicarbonatul de sodiu și sarea. Se amestecă doar până când aluatul se îmbină, nu mai mult de 1 minut. Răzuiți părțile laterale ale vasului.

c) Folosind o lingură de înghețată de 2¾ uncii (sau o măsură de ⅓ cană), porționați aluatul pe o tavă tapetată cu pergament. Lipiți partea superioară a cupolelor de aluat de biscuiți. Înfășurați strâns tava în folie de plastic și lăsați-o la frigider pentru cel puțin 1 oră sau până la 1 săptămână. Nu coaceți prăjiturile de la temperatura camerei - nu se vor coace corect.

d) Încinge cuptorul la 350°F.

e) Aranjați aluatul răcit la o distanță de minim 4 inci unul de celălalt pe tavi tapetate cu pergament sau Silpat. Coaceți timp de 18 minute. Fursecurile se vor umfla, vor trosni și se vor răspândi. După 18 minute, acestea ar trebui să fie ușor rumenite pe margini, dar încă galben strălucitor în centru; da-le un minut in plus daca nu.

f) Răciți fursecurile complet pe tavă înainte de a le transfera pe o farfurie sau într-un recipient etanș pentru depozitare. La temperatura camerei, fursecurile se vor păstra proaspete timp de 5 zile; la congelator se vor păstra 1 lună.

26. Plăcintă cu înghețată cu lapte de cereale

FACE 1 PLAINTA (10-INCH); PORTI 8 PÂNĂ 10

Ingrediente
- ½ porție Cornflake Crunch [180 g (2 căni)]
- 25 g unt, topit [2 linguri]
- 1 porție de înghețată cu lapte de cereale

Directii
a) Cu ajutorul mâinilor, sfărâmați fulgii de porumb la jumatate din dimensiunea lor.

b) Aruncă untul topit în fulgii de porumb mărunțiți, amestecând bine. Folosind degetele și palmele mâinilor, apăsați bine amestecul într-o formă de plăcintă de 10 inci, asigurându-vă că fundul și părțile laterale ale formei de plăcintă sunt acoperite uniform. Învelită în plastic, crusta poate fi congelată până la 2 săptămâni.

c) Folosiți o spatulă pentru a întinde înghețata în coaja plăcintei. Congelați plăcinta pentru cel puțin 3 ore sau până când înghețata este înghețată suficient de tare, astfel încât plăcinta să fie ușor de tăiat și servit. Învelită în folie de plastic, plăcinta se va păstra 2 săptămâni la congelator.

27. PB și J plăcintă

FACE 1 PLAINTA (10-INCH); PORTI 8 PÂNĂ 10

Ingrediente
- 1 porție Ritz Crunch necopt
- 1 porție Nougat cu unt de arahide
- 1 porție Sorbet Concord Grape
- ½ porție Sos de struguri Concord

Directii

a) Încinge cuptorul la 275°F.

b) Apăsați crunch-ul Ritz într-o formă de plăcintă de 10 inci. Folosind degetele și palmele mâinilor, apăsați ferm crunchul, asigurându-vă că acoperiți fundul și părțile laterale uniform și complet.

c) Puneți tava pe o tavă și coaceți 20 de minute. Crusta Ritz ar trebui să fie puțin mai aurie și puțin mai adâncă în bunătate untoasă decât crocantul cu care ați început. Răciți complet crusta Ritz crunch; învelită în plastic, crusta poate fi congelată până la 2 săptămâni.

d) Împrăștiați nuga cu unt de arahide peste fundul crustei de plăcintă și apoi apăsați-o ușor pentru a forma un strat plat. Congelați acest strat timp de 30 de minute sau până când este rece și ferm. Scoateți sorbetul pe nuga și întindeți-l într-un strat uniform. Pune plăcinta la congelator până când sorbetul se întărește, 30 de minute până la 1 oră.

e) Se pune sosul de struguri Concord deasupra plăcintei și, lucrând rapid, se întinde uniform peste sorbet.

f) Pune plăcinta înapoi în congelator până când este gata să fie feliată și servită. Învelită (ușor) în plastic, plăcinta poate fi congelată până la 1 lună.

28. Plăcintă cu grapefruit

FACE 1 PLAINTA (10-INCH); PORTI 8 PÂNĂ 10
Ingrediente
- 1 porție Ritz Crunch necopt
- 1 porție Grapefruit Passion Curd
- 1 porție de grapefruit condensat îndulcit

Directii
a) Încinge cuptorul la 275°F.
b) Apăsați crunch-ul Ritz într-o formă de plăcintă de 10 inci. Folosind degetele și palmele mâinilor, apăsați ferm crunchul, asigurându-vă că acoperiți fundul și părțile laterale uniform și complet.
c) Puneți tava pe o tavă și coaceți 20 de minute. Crusta Ritz ar trebui să fie puțin mai aurie și puțin mai adâncă în bunătate untoasă decât crocantul cu care ați început. Răciți crusta complet; învelită în plastic, crusta poate fi congelată până la 2 săptămâni.
d) Folosind o lingură sau o spatulă offset, întindeți uniform coagul de grapefruit pe fundul crustei Ritz. Pune plăcinta la congelator pentru a se întări cașul, aproximativ 30 de minute.
e) Folosind o lingură sau o spatulă offset, întindeți grapefruitul condensat îndulcit deasupra cașului, având grijă să nu amestecați cele două straturi și asigurându-vă că coagul este acoperit în întregime. Reveniți la congelator până când sunt gata de tăiat și servit.

29. Plăcintă cu cremă de banane

FACE 1 PLAINTA (10-INCH); PORTI 8 PÂNĂ 10
Ingrediente
- 1 portie de crema de banane
- 1 porție Crustă de ciocolată
- 1 banană, doar coaptă, feliată

crema de banane
- 225 g banane
- 75 g smântână groasă [⅓ cană]
- 55 g lapte [¼ cană]
- 100 g zahăr [½ cană]
- 25 g amidon de porumb [2 linguri]
- 2 g sare cușer [½ linguriță]
- 3 galbenusuri de ou
- 2 foi de gelatina
- 40 g unt [3 linguri]
- 25 de picături colorant alimentar galben [½ linguriță]
- 160 g smântână groasă [¾ cană]
- 160 g zahăr de cofetarie [1 cană]

Directii
a) Turnați jumătate din crema de banane în coajă de plăcintă. Acoperiți-l cu un strat de banane feliate, apoi acoperiți bananele cu crema de banane rămasă. Plăcinta trebuie păstrată la frigider și mâncată într-o zi de la preparare.
b) Combinați bananele, smântâna și laptele într-un blender și faceți piure până la omogenizare totală.
c) Adăugați zahărul, amidonul de porumb, sarea și gălbenușurile și continuați să amestecați până la omogenizare. Turnați amestecul într-o cratiță medie. Curățați recipientul blenderului.
d) Infloreste gelatina.

e) Bateți conținutul tigaii și încălziți la foc mediu-mic. Pe măsură ce amestecul de banane se încălzește, se va îngroșa. Aduceți la fierbere și apoi continuați să amestecați energic timp de 2 minute pentru a găti complet amidonul. Amestecul va semăna cu un lipici gros, mărginit de ciment, cu o culoare care să se potrivească.

f) Turnați conținutul tigaii în blender. Adăugați gelatina înflorită și untul și amestecați până când amestecul este omogen și uniform. Colorează amestecul cu colorant alimentar galben până când devine un galben strălucitor de desen animat-banana.

g) Transferați amestecul de banane într-un recipient sigur pentru căldură și puneți-l la frigider pentru 30 până la 60 de minute - atâta timp cât este nevoie să se răcească complet.

h) Folosind un tel sau un mixer cu accesoriul pentru tel, bate frisca si zaharul de cofetari la varfuri mediu-moale.

i) Adăugați amestecul rece de banane la frișcă și amestecați încet până când se colorează uniform și se omogenizează. Păstrată într-un recipient ermetic, crema de banane se păstrează proaspătă până la 5 zile la frigider.

30. Plăcintă cu brownie

FACE 1 PLAINTA (10-INCH); PORTI 8 PÂNĂ 10
Ingrediente
- ¾ porție Crustă Graham [255 g (1½ cani)]
- 125 g ciocolată 72% [4½ uncii]
- 85 g unt [6 linguri]
- 2 oua
- 150 g zahăr [¾ cană]
- 40 g făină [¼ cană]
- 25 g cacao pudră
- 2 g sare cușer [½ linguriță]
- 110 g smântână groasă [½ cană]

Directii

a) Încinge cuptorul la 350°F.

b) Turnați 210 g (1¼ cană) de crustă Graham într-o tavă de plăcintă de 10 inchi și lăsați restul de 45 g (¼ cană) deoparte. Cu degetele și palmele mâinilor, apăsați crusta ferm în tava de plăcintă, acoperind complet fundul și părțile laterale ale tăvii. Învelită în plastic, crusta poate fi refrigerată sau congelată până la 2 săptămâni.

c) Combinați ciocolata și untul într-un castron potrivit pentru cuptorul cu microunde și topește-le ușor împreună la foc mic timp de 30 până la 50 de secunde. Folosiți o spatulă rezistentă la căldură pentru a le amesteca, lucrând până când amestecul este lucios și neted.

d) Combinați ouăle și zahărul în vasul unui mixer cu suport prevăzut cu accesoriul pentru tel și bateți împreună la mare putere timp de 3 până la 4 minute, până când amestecul devine pufos și galben pal și a ajuns la starea de panglică. (Desprindeți telul, înmuiați-l în ouăle bătute și fluturați-l înainte și înapoi ca un pendul: amestecul trebuie să formeze o panglică îngroșată, mătăsoasă, care să cadă și apoi să dispară în aluat.) Dacă amestecul nu formează panglici, continuați să bateți mai sus, după cum este necesar.

e) Înlocuiți telul cu accesoriul paletă. Turnați amestecul de ciocolată în ouă și amestecați pentru scurt timp la foc mic, apoi creșteți viteza la medie și agitați amestecul timp de 1 minut sau până când devine maro și complet omogen. Dacă există dungi negre de ciocolată, vâsliți câteva secunde mai mult sau după cum este necesar. Răzuiți părțile laterale ale vasului.

f) Adăugați făina, pudra de cacao și sarea și vâsliți la viteză mică timp de 45 până la 60 de secunde. Nu ar trebui să existe aglomerări de ingrediente uscate. Dacă există cocoloașe, amestecați încă 30 de secunde. Răzuiți părțile laterale ale vasului.

g) Introduceți smântâna groasă la viteză mică, amestecând timp de 30 până la 45 de secunde, doar până când aluatul s-a desfășurat puțin și dungile albe de smântână sunt complet amestecate. Răzuiți părțile laterale ale bolului.

h) Desprindeți paleta și scoateți vasul din mixer. Încorporați ușor crusta Graham de 45 g ($\frac{1}{4}$ cană) cu o spatulă.

i) Luați o tavă și puneți pe ea forma de plăcintă cu crustă Graham. Cu o spatulă, răzuiți aluatul de brownie în coaja Graham. Coaceți timp de 25 de minute. Plăcinta trebuie să se umfle ușor pe părțile laterale și să dezvolte o crustă de zahăr deasupra. Dacă plăcinta cu brownie este încă lichidă în centru și nu a format o crustă, coaceți-o încă 5 minute sau cam așa ceva.

j) Răciți plăcinta pe un gratar. (Puteți grăbi procesul de răcire transferând cu atenție plăcinta în frigider sau congelator direct din cuptor dacă vă grăbiți.) Învelită în plastic, plăcinta se va păstra proaspătă în frigider până la 1 săptămână sau în congelator până la 2 săptămâni.

31. Plăcintă cu lăcuste

FACE 1 PLAINTA (10-INCH); PORTI 8 PÂNĂ 10

Ingrediente
- 1 porție Brownie Pie, preparată la pasul 8
- 1 porție umplutură de prăjitură cu brânză cu mentă
- 20 g mini chipsuri de ciocolată [2 linguri]
- 25 g mini marshmallows [½ cană]
- 1 porție Glazură de mentă, caldă

Directii

a) Încinge cuptorul la 350°F.
b) Luați o tavă și puneți pe ea forma de plăcintă cu crustă Graham. Turnați umplutura de cheesecake cu mentă în coajă. Turnați aluatul de brownie deasupra. Folosiți vârful unui cuțit pentru a învârti aluatul și umplutura de mentă, tachinând dungile de umplutură de mentă, astfel încât să apară prin aluatul de brownie.
c) Presărați mini-chipsurile de ciocolată într-un inel mic în centrul plăcintei, lăsând centrul de ochi de taur gol. Presărați mini marshmallows într-un inel în jurul inelului de bucăți de ciocolată.
d) Coaceți plăcinta timp de 25 de minute. Ar trebui să umfle ușor pe margini, dar să fie totuși agitat în centru. Mini-fulgii de ciocolată vor arăta de parcă încep să se topească, iar mini marshmallow-urile ar trebui să fie bronzate uniform. Lăsați plăcinta la cuptor încă 3-4 minute dacă nu este cazul.
e) Răciți complet plăcinta înainte de a o termina.
f) Asigurați-vă că glazura este încă caldă la atingere. Puneți dinții unei furculițe în glazura caldă, apoi atârnă furculița la aproximativ 1 inch deasupra centrului ochiului de taur al plăcintei.
g) Transferați plăcinta la frigider, astfel încât glazura de mentă să se întărească înainte de servire - ceea ce se va întâmpla imediat ce se răcește, aproximativ 15 minute. Învelită în plastic, plăcinta se va păstra proaspătă la frigider până la 1 săptămână sau la congelator până la 2 săptămâni.

32. Plăcintă blondă

FACE 1 PLAINTA (10-INCH); PORTI 8 PÂNĂ 10

Ingrediente
- ¾ porție Crustă Graham
- [255 g (1½ cani)]
- 1 porție umplutură de plăcintă blondă
- 1 porție Praline de caju

Directii

a) Încinge cuptorul la 325°F.

b) Turnați crusta Graham într-o tavă de plăcintă de 10 inci. Cu degetele și palmele, apăsați crusta ferm în tava de plăcintă, acoperind uniform fundul și părțile laterale. Dați deoparte în timp ce faceți umplutura. Învelită în plastic, crusta poate fi refrigerată sau congelată până la 2 săptămâni.

c) Puneți forma de plăcintă pe o tavă și turnați umplutura de plăcintă blondie. Coaceți plăcinta timp de 30 de minute. Se va fixa ușor în centru și se va închide la culoare. Adăugați 3 până la 5 minute dacă nu este cazul. Se lasa sa se raceasca la temperatura camerei.

d) Chiar înainte de servire, acoperiți blatul plăcintei cu pralina de caju.

33. Umplutură de plăcintă blondă

FACE Aproximativ 540 G (2¼ CANI)

Ingrediente
- 160 g ciocolată albă [5½ uncii]
- 55 g unt [4 linguri (½ baton)]
- 2 galbenusuri de ou
- 40 g zahăr [3 linguri]
- 105 g smântână groasă [½ cană]
- 52 g făină [⅓cană]
- ½ porție Caju Brittle
- 4 g sare cușer [1 linguriță]

Directii
a) Combinați ciocolata albă și untul într-un castron potrivit pentru cuptorul cu microunde și topiți-le ușor la mediu, în trepte de 30 de secunde, amestecând între explozii. După ce s-a topit, amestecați amestecul până la omogenizare.
b) Puneți gălbenușurile și zahărul într-un castron mediu și amestecați până la omogenizare. Se toarnă amestecul de ciocolată albă și se amestecă. Stropiți încet smântâna groasă și amestecați pentru a se combina.
c) Amestecați făina, cajuul fragil și sarea într-un castron mic, apoi pliați-le cu grijă în umplutură. Utilizați imediat sau păstrați într-un recipient ermetic la frigider până la 2 săptămâni.

34. Plăcintă cu bomboane

FACE 1 PLAINTA (10-INCH); PORȚII 8

Ingrediente
- 1 porție de caramel sărat, topit
- 1 porție Crustă de ciocolată, la frigider
- 8 mini covrigei
- 1 porție Nougat cu unt de arahide
- 45 g ciocolată 55% [1½ uncii]
- 45 g ciocolată albă [1½ uncii]
- 20 g ulei de sâmburi de struguri [2 linguri]

Directii
a) Se toarnă caramelul sărat în crustă. Pune-l la frigider pentru cel puțin 4 ore, sau peste noapte.
b) Încinge cuptorul la 300°F.
c) Întindeți covrigii pe o tavă și prăjiți timp de 20 de minute. Se da deoparte la racit.
d) Luați plăcinta de la frigider și acoperiți fața caramelului întărit cu nuga. Folosiți palmele pentru a apăsa și netezi nuga într-un strat uniform. Puneți plăcinta la frigider și lăsați nuga să se întărească timp de 1 oră.
e) Pregătiți o glazură de ciocolată combinând ciocolata și uleiul într-un castron sigur pentru cuptorul cu microunde și topindu-le ușor la mediu, în trepte de 30 de secunde, amestecând între explozii. Odată ce ciocolata este topită, amestecați amestecul până când devine omogen și strălucitor. Folosiți glazura în aceeași zi sau păstrați într-un recipient ermetic la temperatura camerei timp de până la 3 săptămâni.
f) Terminați acea plăcintă: scoateți-o din frigider și, folosind o pensulă de patiserie, vopsiți peste nuga un strat subțire de glazură de ciocolată, acoperind-o complet. (Dacă glazura s-a întărit, încălziți-o ușor, astfel încât să fie ușor de pictat pe plăcintă.) Aranjați covrigii uniform pe marginile plăcintei.

Folosește pensula de patiserie pentru a vopsi glazura de ciocolată rămasă într-un strat subțire peste covrigi, sigilându-le prospețimea și aroma.
g) Pune plăcinta la frigider pentru cel puțin 15 minute pentru a se întări ciocolata. Învelită în plastic, plăcinta se va păstra proaspătă la frigider 3 săptămâni sau la congelator până la 2 luni; decongelati inainte de servire.
h) Tăiați plăcinta în 8 felii, folosind covrigii ca ghid: fiecare felie trebuie să aibă pe ea un covrig întreg.

35. Plăcintă cu chiflă cu scorțișoară

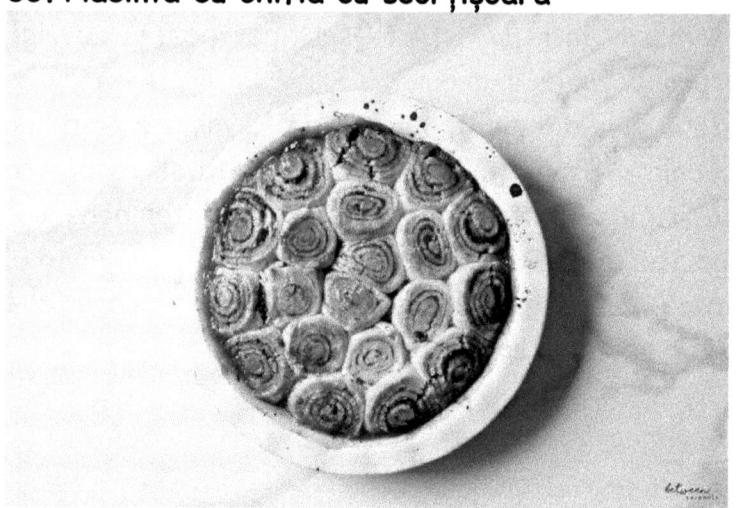

FACE 1 PLAINTA (10-INCH); PORTI 8 PÂNĂ 10
Ingrediente
- ½ porție de aluat matern, dozat
- 30 g faina, pentru pudrat [3 linguri]
- 80 g unt brun [¼ cană]
- 1 porție Cheesecake lichid
- 60 g zahăr brun deschis [¼ cană bine ambalat]
- 1 g sare cușer [¼ linguriță]
- 2 g scorțișoară măcinată [1 linguriță]
- 1 porție de scorțișoară Streusel

Directii
a) Încinge cuptorul la 350°F.
b) Loviți și aplatizați aluatul fermentat.
c) Luați un praf de făină și aruncați-l pe suprafața unui blat neted și uscat de parcă ați sări peste o piatră pe apă, pentru a acoperi ușor blatul. Mai luați un praf de făină și pudrați ușor un sucitor. Folosiți sucitorul pentru a aplatiza cercul de aluat perforat, apoi întindeți aluatul cu sucitorul sau întindeți aluatul cu mâna ca și cum ați face o pizza de la zero. Scopul tău final este de a crea un cerc mare care are aproximativ 11 inci în diametru. Păstrați tava de plăcintă de 10 inci în apropiere pentru referință. Rotunda de aluat de 11 inci trebuie să aibă o grosime de ¼ până la ½ inch.
d) Puneți ușor aluatul în tava de plăcintă. Alternați între utilizarea degetelor și a palmelor pentru a apăsa ferm aluatul în poziție. Pune forma de plăcintă pe o tavă de foaie.
e) Folosiți dosul unei linguri pentru a întinde jumătate din untul brun într-un strat uniform peste aluat.
f) Folosește dosul altei linguri (nu vrei unt brun în stratul tău de cheesecake alb-crem!) pentru a întinde jumătate din cheesecake lichid într-un strat uniform peste untul maro. Întindeți restul de unt brun într-un strat uniform peste cheesecake-ul lichid.

g) Presărați zahărul brun deasupra untului brun. Loviți-l cu dosul mâinii pentru a-l menține pe loc. Se presara apoi uniform cu sare si scortisoara.
h) Acum pentru cel mai complicat strat: cheesecake-ul lichid rămas. Rămâneți rece și întindeți-l cât mai ușor posibil pentru a obține cel mai uniform strat posibil.
i) Presărați Streusel uniform deasupra stratului de cheesecake. Folosiți dosul mâinii pentru a fixa Streusel.
j) Coaceți plăcinta timp de 40 de minute. Crusta se va umfla și se va rumeni, cheesecake-ul lichid se va întări, iar toppingul Streusel se va rumeni și se va rumeni. După 40 de minute, agitați ușor tigaia. Centrul plăcintei trebuie să fie ușor agitat. Umplutura trebuie fixată spre limitele exterioare ale formei de plăcintă. Dacă o parte din umplutură a izbucnit pe tava de mai jos, nu vă faceți griji - consideră-o o gustare pentru mai târziu. Dacă este necesar, coaceți încă 5 minute, până când plăcinta corespunde descrierii de mai sus.
k) Răciți plăcinta pe un grătar. Pentru depozitare, se răcește complet plăcinta și se înfășoară bine în folie de plastic. La frigider, plăcinta se va păstra proaspătă timp de 3 zile (crusta se învețește rapid); la congelator se va păstra 1 lună.
l) Când sunteți gata să serviți plăcinta, să știți că este cel mai bine servită caldă! Tăiați și puneți fiecare felie la microunde timp de 30 de secunde sau încălziți întreaga plăcintă într-un cuptor la 250 ° F timp de 10 până la 20 de minute, apoi feliați și serviți.

36. Bezea cu lămâie-plăcintă cu fistic

FACE 1 PLAINTA (10-INCH); PORTI 8 PÂNĂ 10

Ingrediente
- 1 porție Crunch cu fistic
- 15 g ciocolată albă, topită [½ uncie]
- ¼ porție Lemon Curd [305 g (1⅓cani)]
- 200 g zahăr [1 cană]
- 100 g apă [½ cană]
- 3 albusuri
- ⅓porție Lemon Curd [155 g (¼ cană)]

Directii

a) Turnați crocantul de fistic într-o tavă de plăcintă de 10 inci. Cu degetele și palmele mâinilor, apăsați ferm crunchul în tava de plăcintă, asigurându-vă că fundul și părțile laterale sunt acoperite uniform. Dați deoparte în timp ce faceți umplutura; invelita in plastic, crusta poate fi refrigerata, pana la 2 saptamani.

b) Cu ajutorul unei pensule de patiserie, vopsiți un strat subțire de ciocolată albă pe partea de jos și în sus pe părțile laterale ale crustei. Pune crusta la congelator timp de 10 minute pentru a se fixa ciocolata.

c) Puneți 305 g (1⅓căni) de lemon curd într-un castron mic și amestecați pentru a se slăbi puțin. Răzuiți coagul de lămâie într-o crustă și folosiți dosul unei linguri sau o spatulă pentru a-l întinde într-un strat uniform. Puneți plăcinta la congelator pentru aproximativ 10 minute pentru a ajuta la fixarea stratului de lemon curd.

d) Între timp, combinați zahărul și apa într-o cratiță mică cu fundul greu și spălați ușor zahărul în apă până când se simte ca nisipul umed. Puneți cratita la foc mediu și încălziți amestecul până la 115°C (239°F), ținând evidența temperaturii cu un termometru cu citire instantanee sau cu bomboane.

e) În timp ce zahărul se încălzește, puneți albușurile spumă în bolul unui mixer și, cu accesoriul pentru tel, începeți să le bateți până la vârfuri mediu-moale.
f) Odată ce siropul de zahăr ajunge la 115°C (239°F), scoateți-l de pe foc și turnați-l cu mare grijă în albușurile spumă, asigurându-vă că evitați telul: reduceți mixerul la viteză foarte mică înainte de a face acest lucru, cu excepția cazului în care doriți niște urme interesante de arsuri pe față.
g) Odată ce tot zahărul este adăugat cu succes în albușuri, măriți viteza mixerului și lăsați bezeaua să bată până se răcește la temperatura camerei.
h) În timp ce bezeaua se bate, puneți cele 155 g ($\frac{1}{4}$ de cană) lemon curd într-un castron mare și amestecați, folosind o spatulă, pentru a se slăbi puțin.
i) Când bezeaua s-a răcit la temperatura camerei, opriți mixerul, scoateți vasul și îndoiți bezeaua în cheașul de lămâie cu spatula până când nu rămân dungi albe, având grijă să nu dezumflați bezeaua.
j) Scoateți plăcinta din congelator și puneți bezea de lămâie deasupra lemon curd. Cu o lingură, întindeți bezeaua într-un strat uniform, acoperind complet lemon curd.
k) Serviți sau păstrați plăcinta la congelator până când este gata de utilizare. Învelit strâns în folie de plastic, odată înghețat tare, se va păstra la congelator până la 3 săptămâni. Lasati placinta sa se dezghete peste noapte la frigider sau cel putin 3 ore la temperatura camerei inainte de servire.

37. Umplutură de plăcintă cu crack

FACE SUFICIENȚĂ PENTRU 2 PĂJINTE DE CRACK (10 INCI).

Ingrediente
- 300 g zahăr granulat [1½ cană]
- 180 g zahăr brun deschis [¾ cană bine ambalat]
- 20 g lapte praf [¼ cană]
- 24 g pudră de porumb [¼ cană]
- 6 g sare kosher [1½ linguriță]
- 225 g unt, topit [16 linguri (2 bețișoare)]
- 160 g smântână groasă [¾ cană]
- 2 g extract de vanilie [½ linguriță]
- 8 gălbenușuri de ou

Directii

a) Combinați zahărul, zahărul brun, laptele praf, praf de porumb și sarea în vasul unui mixer cu suport prevăzut cu accesoriul cu paletă și amestecați la viteză mică până se omogenizează.

b) Adăugați untul topit și vâsliți timp de 2 până la 3 minute până când toate ingredientele uscate sunt umede.

c) Adăugați smântâna groasă și vanilia și continuați să amestecați la foc mic timp de 2 până la 3 minute până când orice dungi albe din cremă au dispărut complet în amestec. Răzuiți părțile laterale ale vasului cu o spatulă.

d) Adăugați gălbenușurile de ou, vâslindu-le în amestec doar pentru a se combina; aveți grijă să nu aerați amestecul, dar asigurați-vă că amestecul este lucios și omogen. Se amestecă la viteză mică până când este.

e) Utilizați umplutura imediat sau păstrați-o într-un recipient ermetic la frigider timp de până la 1 săptămână.

38. Plăcintă cu crack

FACE 2 plăcinte (10 inci); FIECARE SERVIE DE LA 8 LA 10
Ingrediente
- 1 porție prăjitură de ovăz
- 15 g zahăr brun deschis [1 lingură bine ambalată]
- 1 g sare [¼ linguriță]
- 55 g unt, topit sau după cum este necesar [4 linguri (½ baton)]
- 1 porție umplutură de plăcintă cu crack
- zahăr de cofetar, pentru pudrat

Directii
a) Încinge cuptorul la 350°F.
b) Puneți prăjitura de ovăz, zahărul brun și sarea într-un robot de bucătărie și opriți-o până când prăjitura se descompune într-un nisip umed. (Dacă nu aveți un robot de bucătărie, îl puteți preface până când îl faceți și prăbușiți cu sârguință prăjitura de ovăz cu mâinile.)
c) Transferați firimiturile într-un castron, adăugați untul și frământați untul și amestecul de prăjituri măcinate până când sunt suficient de umede pentru a forma o bilă. Dacă nu este suficient de umed pentru a face acest lucru, topește încă 14 până la 25 g (1 până la 1½ lingurițe) de unt și frământați-l.
d) Împărțiți uniform crusta de ovăz între 2 forme de plăcintă (10 inchi). Folosind degetele și palmele mâinilor, apăsați ferm crusta de prăjituri de ovăz în fiecare formă de plăcintă, asigurându-vă că fundul și părțile laterale ale formei sunt acoperite uniform. Folosiți imediat cojile de plăcintă sau împachetați bine în plastic și păstrați la temperatura camerei până la 5 zile sau la frigider până la 2 săptămâni.
e) Puneți ambele coji de plăcintă pe o tavă. Împărțiți uniform umplutura de plăcintă cu crack între cruste; umplutura ar trebui să le umple la trei sferturi. Coaceți doar 15 minute. Plăcintele ar trebui să fie aurii deasupra, dar vor fi totuși foarte zguduite.

f) Deschideți ușa cuptorului și reduceți temperatura cuptorului la 325°F. În funcție de cuptorul dvs., poate dura 5 minute sau mai mult pentru ca cuptorul să se răcească la noua temperatură. Păstrați plăcintele la cuptor în timpul acestui proces. Când cuptorul ajunge la 325°F, închideți ușa și coaceți plăcintele timp de încă 5 minute. Plăcintele ar trebui să fie încă agitate în centrul ochiului de taur, dar nu în jurul marginilor exterioare. Dacă umplutura este încă prea agitată, lăsați plăcintele la cuptor pentru încă 5 minute sau cam așa ceva.

g) Scoateți ușor tava cu plăcinte cu crack din cuptor și transferați-o pe un grătar pentru a se răci la temperatura camerei. (Puteți accelera procesul de răcire, transferând cu atenție plăcintele în frigider sau congelator, dacă vă grăbiți.) Apoi congelați plăcintele timp de cel puțin 3 ore, sau peste noapte, pentru a condensa umplutura pentru un produs final dens - congelarea este tehnica caracteristică și rezultatul unei plăcinte de crack perfect executate.

h) Dacă nu serviți plăcintele imediat, înfășurați bine în folie de plastic. La frigider, se vor păstra proaspete timp de 5 zile; la congelator se vor păstra 1 lună. Transferați plăcinta (plăcintele) din congelator în frigider pentru a se dezgheța cu cel puțin 1 oră înainte de a fi gata să intrați acolo.

i) Servește-ți plăcinta cu crack! Decorați-vă plăcinta(le) cu zahăr de cofetar, fie trecând-o printr-o sită fină, fie trimițând ciupituri cu degetele.

39. Pesmet de lapte

FACE Aproximativ 260 G (2¼ CANI)

Ingrediente
- 40 g lapte praf [½ cană]
- 40 g făină [¼ cană]
- 12 g amidon de porumb [2 linguri]
- 25 g zahăr [2 linguri]
- 2 g sare cușer [½ linguriță]
- 55 g unt, topit [4 linguri (½ baton)]
- 20 g lapte praf [¼ cană]
- 90 g ciocolată albă, topită [3 uncii]

Directii
a) Încinge cuptorul la 250°F.
b) Combinați cele 40 g (½ cană) de lapte praf, făina, amidonul de porumb, zahărul și sarea într-un castron mediu. Se amestecă cu mâinile. Adăugați untul topit și amestecați, folosind o spatulă, până când amestecul începe să se unească și să formeze grupuri mici.
c) Întindeți ciorchinii pe o tavă tapetată cu pergament sau cu Silpat și coaceți timp de 20 de minute. Firimiturile ar trebui să fie nisipoase în acel moment, iar bucătăria ta ar trebui să miroasă a rai de unt. Răciți firimiturile complet.
d) Fărâmițează orice grămadă de pesmet de lapte care este mai mare de ½ inch în diametru și pune pesmeturile într-un castron mediu. Adăugați 20 g (¼ cană) de lapte praf și amestecați până când se distribuie uniform în amestec.
e) Se toarnă ciocolata albă peste pesmet și se amestecă. Apoi continuați să le aruncați la fiecare 5 minute până când ciocolata albă se întărește și ciorchinii nu mai sunt lipiți. Firimiturile se vor păstra într-un recipient ermetic la frigider sau congelator până la 1 lună.

40. Pesmet de lapte de fructe de padure

REALIZA CEVA 320 G (2½ CANI)

Ingrediente
- 1 porție pesmet de lapte
- 40 g pudră de cireșe liofilizată [½ cană]
- 20 g pudră de afine liofilizată [¼ cană]
- 0,5 g sare cușer [⅛ linguriță]

Directii

a) Aruncați firimiturile de lapte cu pudra de fructe de pădure și sare într-un castron mediu până când toate firimiturile sunt uniform pete roșii și albastre, acoperite cu pudra de fructe de pădure.

b) Firimiturile se vor păstra într-un recipient ermetic la frigider sau congelator până la 1 lună.

41. Pesmet de tort de aniversare

FACE Aproximativ 275 G (2¼ CANI)

Ingrediente
- 100 g zahăr granulat [½ cană]
- 25 g zahăr brun deschis [1½ linguriță bine ambalată]
- 90 g făină de prăjitură [¾ cană]
- 2 g praf de copt [½ linguriță]
- 2 g sare cușer [½ linguriță]
- 20 g stropi curcubeu [2 linguri]
- 40 g ulei de sâmburi de struguri [¼ cană]
- 12 g extract clar de vanilie [1 lingură]

Directii

a) Încinge cuptorul la 300°F.

b) Combinați zaharurile, făina, praful de copt, sarea și stropii în vasul unui mixer cu suport prevăzut cu accesoriul cu paletă și amestecați la viteză mică până se combină bine.

c) Adăugați uleiul și vanilia și paleți din nou pentru a se distribui. Ingredientele umede vor acționa ca lipici pentru a ajuta ingredientele uscate să formeze grupuri mici; continuați să vâsliți până când se întâmplă asta.

d) Întindeți ciorchinii pe o tavă tapetată cu pergament sau cu Silpat. Coaceți timp de 20 de minute, despărțindu-le din când în când.

42. Pesmet de lapte maltat

FACE Aproximativ 375 G (2½ CANI)

Ingrediente
- 1 porție pesmet de lapte
- 60 g Ovaltine, aromă de malț [¾ cană]
- 90 g ciocolată albă, topită [3 uncii]

Directii

a) Aruncați firimiturile de lapte cu pudra de malț Ovaltine într-un castron mediu până când toate firimiturile devin maro deschis.

b) Turnați ciocolata albă peste firimituri și continuați să amestecați până când toate ciorchinele sunt învelite. Apoi continuați să le aruncați la fiecare 5 minute până când ciocolata albă se întărește și ciorchinii nu mai sunt lipiți. (Rezultatul va fi la fel ca pesmetul de lapte original, dar cu o pată asemănătoare unui ghepard de pudră de malț maro deschis.) Pesmetul se va păstra într-un recipient etanș la frigider sau congelator timp de până la 1 lună.

43. Pesmet de ciocolata

REALIZA CEVA 350 G (2½ CANI)

Ingrediente
- 105 g făină [¼ cană]
- 4 g amidon de porumb [1 lingurita]
- 100 g zahăr [½ cană]
- 65 g cacao pudră
- 4 g sare cușer [1 linguriță]
- 85 g unt, topit [6 linguri]

Directii
a) Încinge cuptorul la 300°F.
b) Combinați făina, amidonul de porumb, zahărul, pudra de cacao și sarea în vasul unui mixer cu suport echipat cu accesoriul cu paletă și vâsliți la viteză mică până se amestecă.
c) Adăugați untul și vâsliți la viteză mică până când amestecul începe să se îmbine în grupuri mici.
d) Întindeți ciorchinii pe o tavă tapetată cu pergament sau cu Silpat. Coaceți timp de 20 de minute, despărțindu-le din când în când. Firimiturile ar trebui să fie încă ușor umede la atingere în acel moment; se vor usca și se vor întări pe măsură ce se răcesc.
e) Lăsați firimiturile să se răcească complet înainte de utilizare.

44. Pesmet de plăcintă

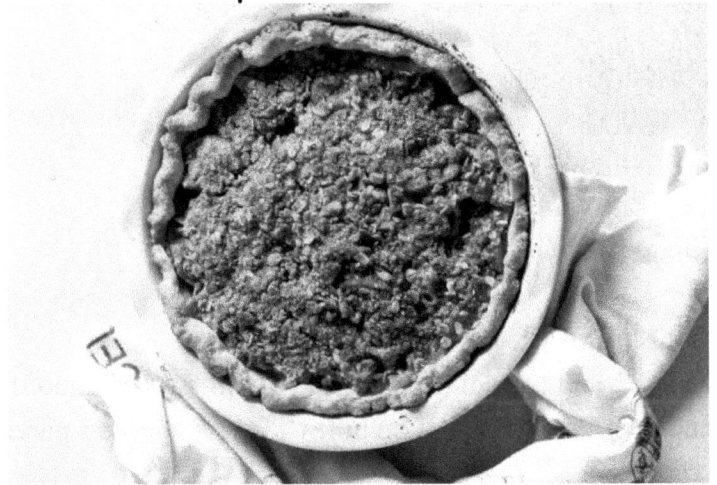

FACE Aproximativ 350 G (2¾ CANI)

Ingrediente
- 240 g faina [1½ cani]
- 18 g zahăr [2 linguri]
- 3 g sare cuşer [¾ linguriță]
- 115 g unt, topit [8 linguri (1 baton)]
- 20 g apă [1½ linguriță]

Directii
a) Încinge cuptorul la 350°F.
b) Combinați făina, zahărul și sarea în vasul unui mixer cu suport echipat cu accesoriul cu paletă și cu paleta la viteză mică până se amestecă bine.
c) Adăugați untul și apa și vâsliți la viteză mică până când amestecul începe să se adune în grupuri mici.
d) Întindeți ciorchinii pe o tavă tapetată cu pergament sau cu Silpat. Coaceți timp de 25 de minute, despărțindu-le din când în când. Firimiturile trebuie să fie maro auriu și încă ușor umede la atingere în acel moment; se vor usca și se vor întări pe măsură ce se răcesc.
e) Lăsați firimiturile să se răcească complet înainte de utilizare.

45. Glazură cu firimituri de plăcintă

FACE APROBATII 220 G (¾ CANA), SAU SUFICIENȚĂ PENTRU 2 PRĂJTIRI PE STRATURI DE PĂCINTĂ DE MERE

Ingrediente

- ½ porție Crumb de plăcintă
- 110 g lapte [½ cană]
- 2 g sare cușer [½ linguriță]
- 40 g unt, la temperatura camerei [3 linguri]
- 40 g zahăr de cofetă [¼ cană]

Directii

a) Combinați firimiturile de plăcintă, laptele și sarea într-un blender, dați viteza la mediu-mare și treceți până la omogenizare și omogenizare. Va dura 1 până la 3 minute (în funcție de extraordinaritatea blenderului dvs.). Dacă amestecul nu se prinde de lama blenderului, opriți blenderul, luați o linguriță mică și răzuiți părțile laterale ale recipientului, amintindu-vă să răzuiți sub lamă, apoi încercați din nou.

b) Combinați untul și zahărul de cofetarie în vasul unui mixer cu suport prevăzut cu accesoriul cu paletă și smântâniți la foc mediu-mare timp de 2 până la 3 minute, până devine pufos și galben pal. Răzuiți părțile laterale ale vasului cu o spatulă.

c) La viteză mică, introduceți conținutul blenderului. După 1 minut, porniți viteza la mediu-mare și lăsați-o să rupă încă 2 minute. Răzuiți părțile laterale ale vasului. Dacă amestecul nu are o culoare uniformă, foarte palid, abia cafeniu, dați bolului încă o răzuire în jos și încă un minut de vâslire de mare viteză.

d) Folosiți glazura imediat sau păstrați-l într-un recipient ermetic la frigider până la 1 săptămână.

46. Crusta de ciocolata

FACE 1 (10-INCHI) CRASTĂ DE PLACINTĂ

Ingrediente
- ¾ porție pesmet de ciocolată [260 g (1¾ căni)]
- 8 g zahăr [2 lingurițe]
- 0,5 g sare cușer [⅛ linguriță]
- 14 g unt, topit sau după nevoie [1 lingură]

Directii
a) Pulsați firimiturile de ciocolată într-un robot de bucătărie până când devin nisipoase și nu mai rămân ciorchini mari.
b) Transferați nisipul într-un castron și, cu mâinile, amestecați cu zahărul și sarea. Adăugați untul topit și frământați-l în nisip până când este suficient de umed pentru a se frământa într-o bilă. Dacă nu este suficient de umed pentru a face acest lucru, topește încă 14 g (1 lingură) unt și frământați-l.
c) Transferați amestecul într-o formă de plăcintă de 10 inci. Cu degetele și palmele mâinilor, apăsați crusta de ciocolată ferm în tavă, asigurându-vă că fundul și părțile laterale ale formei de plăcintă sunt acoperite uniform. Învelită în folie de plastic, crusta poate fi păstrată la temperatura camerei până la 5 zile sau la frigider timp de 2 săptămâni.

47. crusta Graham

FACE Aproximativ 340 G (2 CANI)

Ingrediente
- 190 g firimituri de biscuiți Graham [1½ cani]
- 20 g lapte praf [¼ cană]
- 25 g zahăr [2 linguri]
- 3 g sare cușer [¾ linguriță]
- 55 g unt, topit sau după cum este necesar [4 linguri (½ baton)]
- 55 g smântână groasă [¼ cană]

Directii
a) Aruncați firimiturile Graham, laptele praf, zahărul și sarea cu mâinile într-un castron mediu pentru a distribui uniform ingredientele uscate.
b) Bateți untul și smântâna groasă împreună. Adăugați la ingredientele uscate și amestecați din nou pentru a se distribui uniform. Untul va acționa ca un lipici, aderând la ingredientele uscate și transformând amestecul într-o grămadă de grupuri mici. Amestecul ar trebui să-și mențină forma dacă este strâns strâns în palma mâinii. Dacă nu este suficient de umed pentru a face acest lucru, topește încă 14 până la 25 g (1 până la 1½ lingurițe) de unt și amestecă-l.

48. Aluatul de mama

Produce aproximativ 850 G (2 LIBRE)
Ingrediente
- 550 g făină [3½ căni]
- 12 g sare cușer [1 lingură]
- 3,5 g drojdie uscată activă [½ pachet sau 1⅛ linguriță]
- 370 g apă, la temperatura camerei [1¾ cani]

Directii
a) Combinați pentru a face un aluat

49. Înghețată Graham

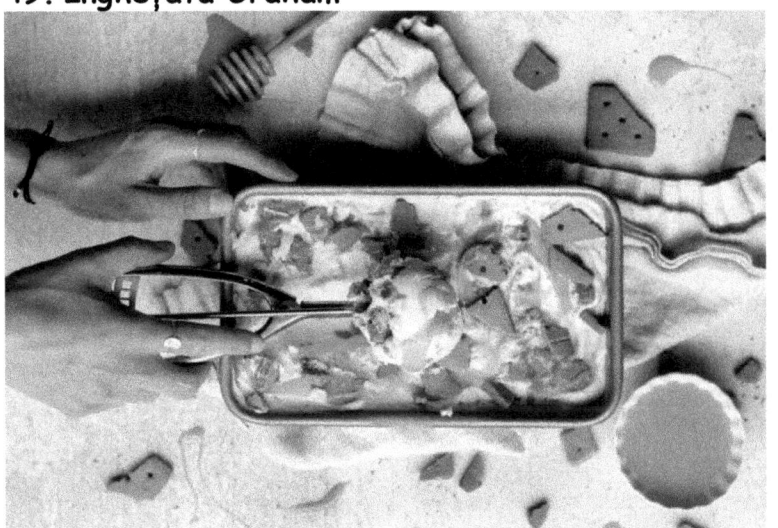

FACE Aproximativ 550 G (1 PINT)

Ingrediente
- ¼ porție Crustă Graham [85 g (½ cană)]
- 220 g lapte [1 cană]
- 2 foi de gelatina
- 160 g smântână groasă [¾ cană]
- 100 g glucoză [¼ cană]
- 65 g zahăr [⅓ cană]
- 40 g lapte praf [½ cană]
- 1 g sare cușer [¼ linguriță]

Directii

a) Încinge cuptorul la 250°F.
b) Turnați crusta Graham pe o tavă tapetată cu pergament sau Silpat și întindeți-o uniform. Coaceți timp de 15 minute pentru a-l prăji ușor și pentru a-și adânci aroma. Se răcește complet.
c) Transferați crusta Graham răcită într-un ulcior. Se toarnă laptele și se amestecă. Se lasa la infuzat 20 de minute la temperatura camerei.
d) Se strecoară amestecul printr-o sită cu ochiuri fine într-un castron mediu. Laptele se va scurge rapid la început, apoi devine mai gros și mai bogat în amidon spre sfârșitul procesului de strecurare. Folosind dosul unui oală (sau mâna) stoarceți laptele din crusta graham prăjită, dar nu forțați crusta graham moale prin sită. Aruncați ciuperca menționată.
e) Infloreste gelatina.
f) Se încălzește puțin laptele graham și se amestecă gelatina pentru a se dizolva. Se amestecă laptele Graham rămas, smântâna groasă, glucoza, zahărul, laptele praf și sarea până când totul este complet dizolvat și încorporat.
g) Turnați amestecul printr-o sită cu plasă fină în mașina dvs. de înghețată și congelați conform instrucțiunilor producătorului. Cel mai bine se toarnă înghețata chiar înainte de servire sau utilizare, dar se va păstra într-un recipient etanș la congelator timp de până la 2 săptămâni.

50. Sorbet alb de piersici

FACE Aproximativ 450 G (1 PINT)

Ingrediente
- 400 g piersici albe coapte [aproximativ 5]
- 1 foaie de gelatină
- 100 g glucoză [¼ cană]
- 2 g sare cușer [½ linguriță]
- 0,5 g acid citric [⅛ linguriță]

Directii
a) Tăiați piersicile în jumătate și sâmburele. Pune-le într-un blender și pasează-le până când sunt netede și omogene, 1 până la 3 minute. Treceți piureul printr-o sită cu ochiuri fine într-un castron mediu. Folosește o căruță sau o lingură pentru a apăsa pe drojdia piureului pentru a extrage cât mai mult suc; ar trebui să aruncați doar câteva linguri de substanțe solide.

b) Infloreste gelatina.

c) Se încălzește puțin piureul de piersici și se amestecă gelatina pentru a se dizolva. Adăugați piureul de piersici rămas, glucoza, sarea și acidul citric până când totul este complet dizolvat și încorporat.

d) Turnați amestecul în mașina de înghețată și congelați conform instrucțiunilor producătorului. Cel mai bine se toarnă sorbetul chiar înainte de servire sau utilizare, dar se va păstra într-un recipient ermetic la congelator timp de până la 2 săptămâni.

51. Îngheţată de catifea roşie

FACE Aproximativ 450 G (1 PINT)

Ingrediente
- 1 foaie de gelatină
- 220 g lapte [1 cană]
- ½ porție Sos Fudge
- 50 g prajitura de ciocolata „raburi"
- 35 g cacao pudră
- 25 g zahăr [2 linguri]
- 25 g glucoză [1 lingură]
- 12 g oțet alb distilat [1 lingură]
- 12 g zară [1 lingură]
- 8 g colorant alimentar roșu [2 lingurițe]
- 4 g sare cușer [1 linguriță]

Directii

a) Infloreste gelatina.

b) Se încălzește puțin lapte și se amestecă gelatina pentru a se dizolva. Transferați amestecul de gelatină într-un blender, adăugați laptele rămas, sosul de fudge, prăjitura de ciocolată, pudră de cacao, zahăr, glucoză, oțet, lapte de unt, colorant alimentar și sare și pasați până la omogenizare și omogenizare. Nu fi zgârcit cu timpul de amestecare - resturile de prăjitură trebuie să absoarbă lichidul și să se disipeze în amestec.

c) Turnați amestecul printr-o sită cu plasă fină în mașina dvs. de înghețată și congelați conform instrucțiunilor producătorului. Cel mai bine se toarnă înghețata chiar înainte de servire sau utilizare, dar se va păstra într-un recipient etanș la congelator timp de până la 2 săptămâni.

52. Sorbet de guava

Produce aproximativ 425 G (1 PINT)

Ingrediente
- 1 foaie de gelatină
- 325 g nectar de guava [$1\frac{1}{4}$ cani]
- 100 g glucoză [$\frac{1}{4}$ cană]
- 0,25 g suc de lamaie [$\frac{1}{8}$ linguriță]
- 1 g sare cușer [$\frac{1}{4}$ linguriță]

Directii

a) Infloreste gelatina.

b) Se încălzește puțin nectarul de guava și se amestecă gelatina pentru a se dizolva. Se amestecă nectarul de guava rămas, glucoza, sucul de lămâie și sarea până când totul este complet dizolvat și încorporat.

c) Turnați amestecul în mașina de înghețată și congelați conform instrucțiunilor producătorului. Cel mai bine se toarnă sorbetul chiar înainte de servire sau utilizare, dar se va păstra într-un recipient ermetic la congelator timp de până la 2 săptămâni.

53. Inghetata Cheesecake

FACE Aproximativ 450 G (1 PINT)

Ingrediente
- 1 foaie de gelatină
- 220 g lapte [1 cană]
- ½ porție Cheesecake lichid
- 15 g smantana [1 lingura]
- ¼ porție Crustă Graham [85 g (½ cană)]
- 20 g lapte praf [¼ cană]
- 2 g sare cușer [½ linguriță]

Directii
a) Infloreste gelatina.
b) Se încălzește puțin lapte și se amestecă gelatina pentru a se dizolva.
c) Transferați amestecul de gelatină într-un blender, adăugați laptele rămas, cheesecake-ul lichid, smântâna, crusta graham, laptele praf și sare și faceți piure până la omogenizare și omogenizare. Nu fi zgârcit cu timpul de amestecare: vrei să te asiguri că crusta Graham este complet lichefiată; în caz contrar, înghețata de cheesecake va lipsi acea aromă.
d) Turnați baza de înghețată printr-o sită cu ochiuri fine în mașina dvs. de înghețată și congelați conform instrucțiunilor producătorului.

54. Sorbet de pere

FACE Aproximativ 480 G (1 PINT)
Ingrediente
- 1 foaie de gelatină
- 400 g piure de pere [2⅓ cani]
- 50 g glucoză [2 linguri]
- 30 g cordial de flori de soc [1 lingura]
- 0,5 g sare cușer [⅛ linguriță]
- 0,5 g acid citric [⅛ linguriță]

Directii
a) Infloreste gelatina.
b) Se încălzește puțin piureul de pere și se amestecă gelatina pentru a se dizolva. Adăugați piureul de pere rămas, glucoza, cordialul de floare de soc, sarea și acidul citric până când totul este complet dizolvat și încorporat.
c) Turnați amestecul în mașina de înghețată și congelați conform instrucțiunilor producătorului. Cel mai bine se toarnă sorbetul chiar înainte de servire sau utilizare, dar se va păstra într-un recipient ermetic la congelator timp de până la 2 săptămâni.

55. Căpșuni macerate cu leuștean

REALIZA CEVA 160 G (1½ CANI)

Ingrediente
- 150 g căpșuni Tristar, decojite [1 halbă]
- ½ tulpină de leuștean, tocată
- 12 g zahăr [1 lingură]
- 0,5 g sare cușer [⅛ linguriță]
- 1 g oțet de sherry [¼ linguriță]

Directii

a) Combinați căpșunile, leușteanul, zahărul, sarea și oțetul într-un castron mic.

b) Se amestecă ușor cu o lingură până când căpșunile sunt acoperite uniform.

c) Acoperiți și lăsați la frigider pentru cel puțin 2 ore, sau până la 2 zile, înainte de servire.

56. Sorbet de căpșuni Tristar

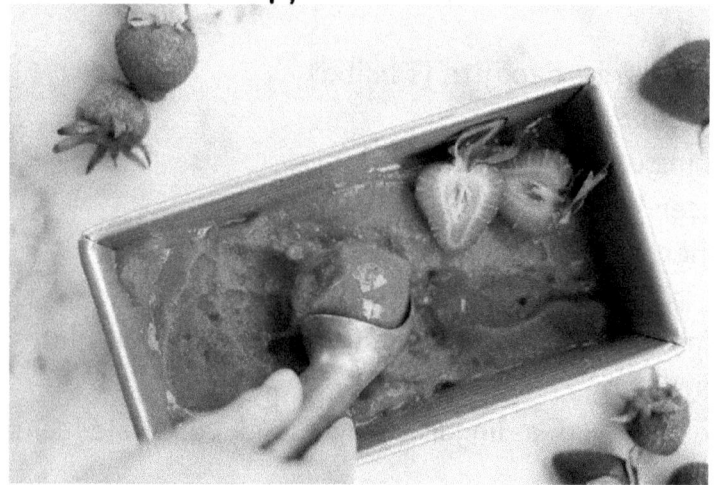

FACE Aproximativ 400 G (1 PINT)

Ingrediente
- 300 g căpșuni Tristar, decojite [2 halbe]
- 1 foaie de gelatină
- 50 g glucoză [2 linguri]
- 25 g zahăr [2 linguri]
- 0,5 g sare cușer [$\frac{1}{8}$ linguriță]
- 0,5 g acid citric [$\frac{1}{8}$ linguriță]

Directii
a) Puneți căpșunile într-un blender. Strecurați piureul printr-o sită cu ochiuri fine într-un castron pentru a strecura sâmburi.
b) Infloreste gelatina.
c) Se încălzește puțin piureul de căpșuni și se amestecă gelatina pentru a se dizolva. Adăugați piureul de căpșuni rămas, glucoza, zahărul, sarea și acidul citric până când totul este complet dizolvat și încorporat.
d) Turnați amestecul în mașina de înghețată și congelați conform instrucțiunilor producătorului. Cel mai bine se toarnă sorbetul chiar înainte de servire sau utilizare, dar se va păstra într-un recipient ermetic la congelator timp de până la 2 săptămâni.

57. Iaurt înghețat Chèvre

FACE Aproximativ 400 G (1 PINT)

Ingrediente
- 2 foi de gelatina
- 55 g lapte [¼ cană]
- 60 g chèvre proaspăt [¼ cană]
- 55 g zară [¼ cană]
- 50 g iaurt [2 linguri]
- 100 g glucoză [¼ cană]
- 50 g zahăr [¼ cană]
- 2 g sare cușer [½ linguriță]
- 0,5 g acid citric [⅛ linguriță]

Directii

a) Infloreste gelatina.

b) Se încălzește puțin lapte și se amestecă gelatina pentru a se dizolva. Transferați într-un blender și adăugați laptele rămas, chèvre, zară, iaurt, glucoză, zahăr, sare și acid citric. Se face piure până la omogenizare.

c) Turnați baza printr-o strecurătoare cu plasă fină în mașina dvs. de înghețată și congelați conform instrucțiunilor producătorului. Iaurtul înghețat este cel mai bine rotit chiar înainte de servire sau utilizare, dar se va păstra într-un recipient etanș la congelator timp de până la 2 săptămâni.

58. Sorbet de struguri Concord

Produce aproximativ 475 G (1 PINT)

Ingrediente
- 1 foaie de gelatină
- ½ porție de suc de struguri Concord
- 200 g glucoză [½ cană]
- 2 g acid citric [½ linguriță]
- 1 g sare cușer [¼ linguriță]

Directii

a) Infloreste gelatina.

b) Se încălzește puțin sucul de struguri și se amestecă gelatina pentru a se dizolva. Se amestecă sucul de struguri rămas, glucoza, acidul citric și sarea până când totul este complet dizolvat și încorporat.

c) Turnați amestecul în mașina de înghețată și congelați conform instrucțiunilor producătorului. Cel mai bine se toarnă sorbetul chiar înainte de servire sau utilizare, dar se va păstra într-un recipient ermetic la congelator timp de până la 2 săptămâni.

59. Inghetata de covrig

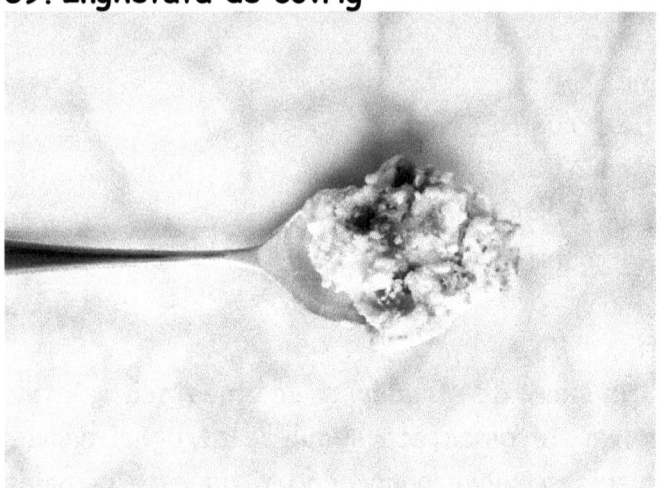

PORTI 8 PÂNĂ 10

Ingrediente
- 300 g mini covrigei [aproximativ ¾ (16 uncii) pungă (6 căni)]
- 440 g lapte [2 căni]
- 1½ foi de gelatină
- 200 g glucoză [½ cană]
- 30 g zahăr brun deschis [2 linguri bine ambalate]
- 45 g cremă de brânză [1½ uncii]
- 2 g sare cușer [½ linguriță]
- 0,75 g bicarbonat de sodiu [⅛ linguriță]

Directii
a) Încinge cuptorul la 300°F.
b) Întindeți covrigii pe o tavă și prăjiți timp de 15 minute, până când covrigii s-au închis ușor la culoare. Se răcește complet.
c) Puneți covrigii într-un castron mare, turnați laptele peste ei și amestecați în timp ce se înmuie timp de 2 minute.
d) Strecurați amestecul de lapte printr-o sită cu ochiuri fine și aruncați bucățile de covrig ude.
e) Infloreste gelatina.
f) Se încălzește puțin laptele de covrig și se amestecă gelatina pentru a se dizolva. Adăugați restul de lapte de covrig, glucoza, zahăr brun, cremă de brânză, sare și bicarbonat de sodiu și amestecați până când toate ingredientele sunt complet dizolvate și încorporate.
g) Turnați amestecul în mașina de înghețată și congelați conform instrucțiunilor producătorului. Cel mai bine se toarnă înghețata chiar înainte de servire sau utilizare, dar se va păstra într-un recipient etanș la congelator timp de până la 2 săptămâni.

60. Prajitura cu strat de fistic

FACE 1 (6-INCI) PRĂTIT ÎN STRATURI, ÎNĂLÂME DE LA 5 LA 6 INCI; PORȚII DE LA 6 LA 8

Ingrediente
- 1 porție de prăjitură cu fistic
- 65 g ulei de fistic [⅓cană]
- 1 porție Lemon Curd
- ½ porție pesmet de lapte
- 1 porție Glazură cu fistic

Directii
a) Pune pe blat o bucată de pergament sau un Silpat. Întoarceți tortul peste el și îndepărtați pergamentul sau Silpatul de pe fundul prăjiturii. Folosește inelul de tort pentru a ștampila 2 cercuri din tort. Acestea sunt primele 2 straturi de tort. „Rămăsul" de tort rămas se va reuni pentru a forma stratul de jos al prăjiturii.

Stratul 1, partea de jos
b) Curățați inelul de tort și puneți-l în centrul unei tavi tapetate cu pergament curat sau un Silpat. Folosiți 1 bandă de acetat pentru a căptuși interiorul inelului de tort.

c) Pune resturile de tort în interiorul inelului și folosește dosul mâinii pentru a lipi resturile într-un strat uniform.

d) Înmoaie o pensulă de patiserie în uleiul de fistic și dă stratului de prăjitură o baie bună și sănătoasă de jumătate din ulei.

e) Folosiți dosul unei linguri pentru a întinde jumătate din cheag de lămâie într-un strat uniform peste tort.

f) Presărați o treime din firimiturile de lapte uniform peste cheag de lămâie. Folosiți dosul mâinii pentru a le ancora pe loc.

g) Folosiți dosul unei linguri pentru a întinde o treime din glazura de fistic cât mai uniform posibil peste firimituri.

Stratul 2, Mijlocul

h) Cu degetul arătător, introduceți ușor a doua fâșie de acetat între inelul de tort și partea de sus a $\frac{1}{4}$ inch din prima fâșie de acetat, astfel încât să aveți un inel clar de acetat de 5 până la 6 inci înălțime - suficient de înalt pentru a susține înălțimea tortului finit. Puneți o prăjitură rotundă peste glazură și repetați procesul pentru stratul 1.

Stratul 3, partea de sus

i) Se cuibără prăjitura rămasă în glazură. Acoperiți partea de sus a tortului cu glazura rămasă. Dă-i volum și vârtej sau fă așa cum facem noi și optează pentru un blat perfect plat. Ornați glazura cu pesmeturile de lapte rămase.

j) Transferați tava foaie la congelator și lăsați-l la congelator pentru minim 12 ore pentru a se întări tortul și umplutura. Tortul se va păstra la congelator până la 2 săptămâni.

k) Cu cel puțin 3 ore înainte de a fi gata să serviți tortul, scoateți tava din foaie din congelator și, folosind degetele și degetele mari, scoateți tortul din inelul de tort. Scoateți ușor acetatul și transferați tortul pe un platou sau pe un suport de prăjitură. Se lasa sa se dezghete la frigider pentru minim 3 ore.

61. Tort cu fistic

FACE 1 SFURT Foaie DE PRĂJIT DE TAVĂ

Ingrediente

- 190 g pastă de fistic [¼ cană]
- 75 g glucoză [3 linguri]
- 6 albusuri
- 280 g zahăr de cofetarie [1¾ cani]
- 110 g făină de migdale albită [1¼ cani]
- 75 g ulei de fistic [½ cană]
- 55 g smântână groasă [¼ cană]
- 160 g făină [1 cană]
- 6 g praf de copt [1½ linguriță]
- 6 g sare kosher [1½ linguriță]

Directii

a) Încinge cuptorul la 350°F.

b) Combinați pasta de fistic și glucoza în vasul unui mixer cu suport prevăzut cu accesoriul cu paletă și bateți la foc mediu-mic timp de 2 până la 3 minute, până când amestecul se transformă într-o pastă verde lipicioasă. Răzuiți părțile laterale ale vasului cu o spatulă.

c) La viteza mica, adaugam albusurile pe rand, avand grija sa nu adaugam albusul urmator pana cand cel precedent nu este complet incorporat. Opriți mixerul și răzuiți părțile laterale ale vasului cu o spatulă după fiecare 2 până la 3 albușuri. Odată ce toate albușurile au fost încorporate, veți avea o supă verde mocioasă în bolul de amestecare. Chiar pe.

d) Adăugați zahărul de cofetă și făina de migdale și, la viteză mică, introduceți-le timp de 2-3 minute, până când amestecul se îngroașă. Opriți mixerul și răzuiți părțile laterale ale vasului.

e) Puneți uleiul de fistic și smântâna groasă și văslitați la viteză mică timp de 1 minut. Opriți mixerul și răzuiți părțile laterale ale vasului.

f) Adăugați făina, praful de copt și sarea și lasați la foc mic timp de 2 până la 3 minute, până când aluatul devine super moale și puțin mai vâscos decât aluatul de prăjitură american obișnuit.
g) Pam-spray un sfert de tava de foaie și tapetați-o cu pergament, sau doar tapetați tava cu un Silpat. Cu o spatulă, întindeți aluatul de tort într-un strat uniform în tavă. Coaceți timp de 20 până la 22 de minute. Prajitura va creste si va umfla, dublandu-si volumul.
h) La 20 de minute, împinge ușor marginea prăjiturii cu degetul: tortul ar trebui să se întoarcă și să fie ușor auriu pe părțile laterale și să se îndepărteze puțin de părțile laterale ale tăvii. Se lasa prajitura la cuptor inca 1-2 minute daca nu trece aceste teste.
i) Scoateți tortul din cuptor și răciți pe un grătar.

62. Glazura de fistic

FACE Aproximativ 350 G (1¾ CANI)
Ingrediente
- 115 g unt, la temperatura camerei [8 linguri (1 baton)]
- 40 g zahăr de cofetă [¼ cană]
- 230 g pastă de fistic [¾ cană]
- 2 g sare cușer [½ linguriță]

Directii

a) Combinați untul și zahărul de cofetarie în vasul unui mixer cu suport prevăzut cu accesoriul cu paletă și smântâniți la foc mediu-mare timp de 2 până la 3 minute, până devine pufos și galben pal.

b) Adăugați pasta de fistic și sare și amestecați la viteză mică timp de o jumătate de minut, apoi creșteți viteza la mediu-mare și lăsați-o să rupă timp de 2 minute. Răzuiți părțile laterale ale vasului cu o spatulă. Dacă amestecul nu are aceeași culoare verde pal, acordați-i încă un minut la viteză mare și răzuiți din nou.

c) Folosiți glazura imediat sau păstrați-l într-un recipient ermetic la frigider până la 1 săptămână.

63. Tort stratificat cu ciocolată

FACE 1 (6-INCI) PRĂTIT ÎN STRATURI, ÎNĂLÂME DE LA 5 LA 6 INCI; PORȚII DE LA 6 LA 8

Ingrediente
- 1 porție de tort cu ciocolată
- 60 g piure de fructul pasiunii [⅓ cană]
- 1 porție caș de fructe de pasiune
- ½ porție pesmet de ciocolată
- 1 porție Glazură de cafea
- 40 g mini chipsuri de ciocolată [¼ cană]

Directii

a) Pune pe blat o bucată de pergament sau un Silpat. Întoarceți tortul peste el și îndepărtați pergamentul sau Silpatul de pe fundul prăjiturii. Folosește inelul de tort pentru a ștampila 2 cercuri din tort. Acestea sunt primele 2 straturi de tort. „Rămășul" de tort rămas se va reuni pentru a forma stratul de jos al prăjiturii.

Stratul 1, partea de jos

b) Curățați inelul de tort și puneți-l în centrul unei tavi tapetate cu pergament curat sau un Silpat. Folosiți 1 bandă de acetat pentru a căptuși interiorul inelului de tort.

c) Pune resturile de tort în interiorul inelului și folosește dosul mâinii pentru a lipi resturile într-un strat uniform.

d) Înmoaie o pensulă de patiserie în piureul de fructul pasiunii și dă stratului de prăjitură o baie bună și sănătoasă de jumătate din piure.

e) Folosește dosul unei linguri pentru a întinde jumătate din cașul de fructul pasiunii într-un strat uniform peste tort.

f) Presarati jumatate din firimiturile de ciocolata uniform peste cheag de fructul pasiunii. Folosiți dosul mâinii pentru a le ancora pe loc.

g) Folosiți dosul unei linguri pentru a întinde o treime din glazura de cafea cât mai uniform posibil peste firimiturile de ciocolată.

Stratul 2, Mijlocul

h) Cu degetul arătător, introduceți ușor a doua fâșie de acetat între inelul de tort și partea de sus a $\frac{1}{4}$ inch din prima fâșie de acetat, astfel încât să aveți un inel clar de acetat de 5 până la 6 inci înălțime - suficient de înalt pentru a susține înălțimea tortului finit. Puneți o prăjitură rotundă peste glazură și repetați procesul pentru stratul 1.

Stratul 3, partea de sus

i) Se cuibără prăjitura rămasă în glazură. Acoperiți partea de sus a tortului cu glazura rămasă. Dă-i volum și vârtej sau fă așa cum facem noi și optează pentru un blat perfect plat. Ornați glazura cu mini fulgi de ciocolată.

j) Transferați tava foaie la congelator și lăsați-l la congelator pentru minim 12 ore pentru a se întări tortul și umplutura. Tortul se va păstra la congelator până la 2 săptămâni.

k) Cu cel puțin 3 ore înainte de a fi gata să serviți tortul, scoateți tava din foaie din congelator și, folosind degetele și degetele mari, scoateți tortul din inelul de tort. Scoateți ușor acetatul și transferați tortul pe un platou sau pe un suport de prăjitură. Se lasa sa se dezghete la frigider pentru minim 3 ore

l) Tăiați prăjitura felii și serviți.

64. Prajitura cu ciocolata

FACE 1 SFURT Foaie DE PRĂJIT DE TAVĂ

Ingrediente
- 115 g unt, la temperatura camerei [8 linguri (1 baton)]
- 250 g zahăr granulat [1¼ cani]
- 60 g zahăr brun deschis [¼ cană bine ambalat]
- 3 oua
- 110 g zară [½ cană]
- 75 g ulei de sâmburi de struguri [½ cană]
- 12 g extract de vanilie [1 lingura]
- 185 g faina de prajitura [1½ cani]
- 4 g praf de copt [1 lingurita]
- 4 g sare cușer [1 linguriță]
- Pam sau alt spray de gătit antiaderent (opțional)
- 150 g mini chipsuri de ciocolată [¾ cană]

Directii
a) Încinge cuptorul la 350°F.
b) Combinați untul și zaharurile în vasul unui mixer cu suport echipat cu accesoriul cu paletă și smântână împreună la foc mediu-mare timp de 2 până la 3 minute. Răzuiți părțile laterale ale bolului, adăugați ouăle și amestecați din nou la foc mediu-mare timp de 2 până la 3 minute. Răzuiți încă o dată părțile laterale ale vasului.
c) La viteză mică, adăugați zara, uleiul și vanilia. Măriți viteza mixerului la mediu-mare și vâslit timp de 4 până la 6 minute, până când amestecul este practic alb, de două ori mai mare decât amestecul original pufos de unt și zahăr și complet omogen. Nu grăbi procesul. Practic forțați prea mult lichid într-un amestec deja gras care nu vrea să facă loc lichidului. Opriți mixerul și răzuiți părțile laterale ale vasului.
d) La viteză foarte mică, adăugați făina de prăjitură, praful de copt și sarea. Amestecați timp de 45 până la 60 de secunde, doar până când aluatul se oprește și toate resturile de ingrediente uscate au fost încorporate. Răzuiți părțile

laterale ale vasului. Dacă vedeți bulgări de făină de prăjitură acolo în timp ce răzuiți, amestecați încă 45 de secunde.

e) Pam-spray un sfert de tava de foaie și tapetați-o cu pergament, sau doar tapetați tava cu un Silpat. Cu o spatulă, întindeți aluatul de tort într-un strat uniform în tavă. Apăsați partea de jos a tavii pentru a uniformiza stratul. Presărați fulgii de ciocolată uniform peste aluatul de tort.

f) Coaceți tortul timp de 30 până la 35 de minute. Prajitura va creste si va umfla, dublandu-si volumul, dar va ramane usor untos si dens. La 30 de minute, împinge ușor marginea prăjiturii cu degetul: tortul trebuie să se întoarcă ușor înapoi, iar centrul să nu mai fie agitat. Se lasa prajitura la cuptor inca 3-5 minute daca nu trece aceste teste.

g) Scoateți tortul din cuptor și răciți-l pe un grătar sau, în caz de praf, la frigider sau congelator (nu vă faceți griji, nu înșală). Tortul racit se poate pastra la frigider, invelit in folie de plastic, pana la 5 zile.

65. Glazura de cafea

FACE Aproximativ 200 G (1 CANA)

Ingrediente
- 115 g unt, la temperatura camerei [8 linguri (1 baton)]
- 40 g zahăr de cofetă [¼ cană]
- 55 g lapte [¼ cană]
- 1,5 g pudră de cafea instant [¾ de linguriță]
- 1 g sare cușer [¼ linguriță]

Directii

a) Combinați untul și zahărul de cofetarie în vasul unui mixer cu suport prevăzut cu accesoriul cu paletă și smântâniți la foc mediu-mare timp de 2 până la 3 minute, până devine pufos și galben pal.

b) Între timp, faceți o cafea rapidă cu lapte: amestecați laptele, cafeaua instant și sarea într-un castron mic.

c) Răzuiți părțile laterale ale vasului cu o spatulă. La viteză mică, introduceți treptat laptele de cafea. În esență, forțați lichidul în grăsime, așa că aveți răbdare. Amestecul de unt se va aglomera și se va separa la contactul cu laptele de cafea. Nu turnați mai mult lapte de cafea în amestecul de unt până când adăugarea anterioară nu este complet încorporată; ține mixerul pornit și ai răbdare. Rezultatul va fi un glazur de cafea pufos, maro pal și super strălucitor. Utilizați imediat.

66. Tort stratificat de ziua de nastere

FACE 1 (6-INCI) PRĂTIT ÎN STRATURI, ÎNĂLĂME DE LA 5 LA 6 INCI; PORȚII DE LA 6 LA 8

Ingrediente
- 1 porție Tort aniversar
- 1 porție Tort de aniversare Soak
- 1 porție Glazură pentru tort de aniversare
- 1 porție Crumb de tort de aniversare

Directii
a) Pune pe blat o bucată de pergament sau un Silpat. Întoarceți tortul peste el și îndepărtați pergamentul sau Silpatul de pe fundul prăjiturii. Folosește inelul de tort pentru a ștampila 2 cercuri din tort. Acestea sunt primele 2 straturi de tort. „Rămăsul" de tort rămas se va reuni pentru a forma stratul de jos al prăjiturii.

Stratul 1, partea de jos
b) Curățați inelul de tort și puneți-l în centrul unei tavi tapetate cu pergament curat sau un Silpat. Folosiți 1 bandă de acetat pentru a căptuși interiorul inelului de tort.
c) Pune resturile de tort în inel și folosește dosul mâinii pentru a lipi resturile împreună într-un strat plat uniform.
d) Înmoaie o pensulă de patiserie în înmuiarea tortului de ziua de naștere și dă stratului de tort o baie bună și sănătoasă de jumătate din înmuiere.
e) Folosiți dosul unei linguri pentru a întinde o cincime din glazură într-un strat uniform peste tort.
f) Presărați o treime din firimiturile de ziua de naștere uniform peste partea de sus a glazurei. Folosiți dosul mâinii pentru a le ancora pe loc.
g) Folosește dosul unei linguri pentru a întinde o a doua cincime din glazură cât mai uniform posibil peste firimituri.

Stratul 2, Mijlocul

h) Cu degetul arătător, introduceți ușor a doua fâșie de acetat între inelul de tort și partea de sus a $\frac{1}{4}$ inch din prima fâșie de acetat, astfel încât să aveți un inel clar de acetat de 5 până la 6 inci înălțime - suficient de înalt pentru a susține înălțimea tortului finit. Puneți o prăjitură rotundă peste glazură și repetați procesul pentru stratul 1.

Stratul 3, partea de sus

i) Se cuibără prăjitura rămasă în glazură. Acoperiți partea de sus a tortului cu ultima cincime din glazură. Dă-i volum și vârtej sau fă așa cum facem noi și optează pentru un blat perfect plat. Ornați glazura cu firimiturile de ziua rămase.

j) Transferați tava foaie la congelator și lăsați-l la congelator pentru minim 12 ore pentru a se întări tortul și umplutura. Tortul se va păstra la congelator până la 2 săptămâni.

k) Cu cel puțin 3 ore înainte de a fi gata să serviți tortul, scoateți tava din foaie din congelator și, folosind degetele și degetele mari, scoateți tortul din inelul de tort.

l) Scoateți ușor acetatul și transferați tortul pe un platou sau pe un suport de prăjitură. Se lasa sa se dezghete la frigider pentru minim 3 ore

m) Tăiați prăjitura felii și serviți.

67. Tort

FACE 1 SFURT Foaie DE PRĂJIT DE TAVĂ

Ingrediente

- 55 g unt, la temperatura camerei [4 linguri (½ baton)]
- 60 g de scurtătură vegetală [⅓ cană]
- 250 g zahăr granulat [1¼ cani]
- 50 g zahăr brun deschis [3 linguri bine ambalate]
- 3 oua
- 110 g zară [½ cană]
- 65 g ulei de sâmburi de struguri [⅓ cană]
- 8 g extract clar de vanilie [2 lingurițe]
- 245 g faina de prajitura [2 cani]
- 6 g praf de copt [1½ linguriță]
- 3 g sare cușer [¾ linguriță]
- 50 g stropi curcubeu [¼ cană]
- Pam sau alt spray de gătit antiaderent (opțional)
- 25 g stropi curcubeu [2 linguri]

Directii

a) Încinge cuptorul la 350°F.

b) Combinați untul, scurtarea și zaharurile în vasul unui mixer cu suport prevăzut cu accesoriul cu paletă și smântână împreună la foc mediu-mare timp de 2 până la 3 minute. Răzuiți părțile laterale ale bolului, adăugați ouăle și amestecați la foc mediu-mare timp de 2 până la 3 minute. Răzuiți încă o dată părțile laterale ale vasului.

c) La viteză mică, adăugați zara, uleiul și vanilia. Măriți viteza mixerului la mediu-mare și vâslit timp de 4 până la 6 minute, până când amestecul este practic alb, de două ori mai mare decât amestecul original pufos de unt și zahăr și complet omogen.

d) La viteză foarte mică, adăugați făina de prăjitură, praful de copt, sarea și cele 50 g (¼ de cană) stropi de curcubeu.

Amestecați timp de 45 până la 60 de secunde, doar până când aluatul se oprește. Răzuiți părțile laterale ale vasului.

e) Pam-spray un sfert de tava de foaie și tapetați-o cu pergament, sau doar tapetați tava cu un Silpat. Cu o spatulă, întindeți aluatul de tort într-un strat uniform în tavă. Presărați uniform peste aluat restul de 25 g (2 linguri) curcubeu.

f) Coaceți tortul timp de 30 până la 35 de minute. Prajitura va creste si va umfla, dublandu-si volumul, dar va ramane usor untos si dens. Se lasa prajitura la cuptor inca 3-5 minute daca nu trece aceste teste.

g) Scoateți tortul din cuptor și răciți pe un grătar.

68. Glazura pentru tort de aniversare

REALIZA CEVA 430 G (2 CANI)

Ingrediente

- 115 g unt, la temperatura camerei [8 linguri (1 baton)]
- 50 g shortening vegetal [¼ cană]
- 55 g cremă de brânză [2 uncii]
- 25 g glucoză [1 lingură]
- 18 g sirop de porumb [1 lingura]
- 12 g extract clar de vanilie [1 lingură]
- 200 g zahăr de cofetarie [1¼ cani]
- 2 g sare cușer [½ linguriță]
- 0,25 g praf de copt [ciupit]
- 0,25 g acid citric [punct]

Directii

a) Combinați untul, scurtarea și cremă de brânză în vasul unui mixer cu suport prevăzut cu accesoriul cu paletă și smântâniți la foc mediu-mare timp de 2 până la 3 minute, până când amestecul este omogen și pufos. Răzuiți părțile laterale ale vasului.

b) Cu mixerul la cea mai mică viteză, introduceți glucoza, siropul de porumb și vanilia. Porniți mixerul până la un nivel mediu-înalt și bateți timp de 2 până la 3 minute, până când amestecul este neted și devine un alb lucios. Răzuiți părțile laterale ale vasului.

c) Adăugați zahărul de cofetă, sarea, praful de copt și acidul citric și amestecați la viteză mică doar pentru a le încorpora în aluat.

d) Porniți din nou viteza la mediu-mare și bateți timp de 2 până la 3 minute, până când obțineți un glazur alb strălucitor, frumos neted.

e) Ar trebui să arate exact ca și cum a ieșit dintr-o cuvă de plastic la magazinul alimentar! Folosiți glazura imediat sau păstrați-l într-un recipient ermetic la frigider până la 1 săptămână.

69. Tort cu strat de morcovi

FACE 1 (6-INCI) PRĂTIT ÎN STRATURI, ÎNĂLÂME DE LA 5 LA 6 INCI; PORȚII DE LA 6 LA 8

Ingrediente
- 1 porție Tort Morcovi
- 55 g lapte [¼ cană]
- 1 porție Cheesecake lichid
- ½ porție pesmet de lapte
- 1 porție Graham Frosting

Directii

a) Pune pe blat o bucată de pergament sau un Silpat. Întoarceți tortul peste el și îndepărtați pergamentul sau Silpatul de pe fundul prăjiturii. Folosește inelul de tort pentru a ștampila 2 cercuri din tort.

Stratul 1, partea de jos

b) Curățați inelul de tort și puneți-l în centrul unei tavi tapetate cu pergament curat sau un Silpat. Folosiți 1 bandă de acetat pentru a căptuși interiorul inelului de tort.

c) Pune resturile de tort în interiorul inelului și folosește dosul mâinii pentru a lipi resturile într-un strat uniform.

d) Înmoaie o pensulă de patiserie în lapte și dă stratului de prăjitură o baie bună și sănătoasă de jumătate din lapte.

e) Folosiți dosul unei linguri pentru a întinde jumătate din cheesecake lichid într-un strat uniform peste tort.

f) Presărați o treime din firimiturile de lapte uniform peste cheesecake. Folosiți dosul mâinii pentru a le ancora pe loc.

g) Folosiți dosul unei linguri pentru a întinde o treime din glazura Graham cât mai uniform posibil peste firimituri.

Stratul 2, Mijlocul

h) Cu degetul arătător, introduceți ușor a doua fâșie de acetat între inelul de tort și partea de sus a ¼ inch din prima fâșie de acetat, astfel încât să aveți un inel clar de acetat de 5 până la 6 inci înălțime - suficient de înalt pentru a susține înălțimea tortului finit. Puneți o prăjitură rotundă peste glazură și repetați procesul pentru stratul 1.

Stratul 3, partea de sus

i) Se cuibără prăjitura rămasă în glazură. Acoperiți partea de sus a tortului cu glazura rămasă. Dă-i volum și vârtej sau fă așa cum facem noi și optează pentru un blat perfect plat. Ornați glazura cu pesmeturile de lapte rămase.

j) Transferați tava foaie la congelator și lăsați-l la congelator pentru minim 12 ore pentru a se întări tortul și umplutura.

k) Cu cel puțin 3 ore înainte de a fi gata să serviți tortul, scoateți tava din foaie din congelator și, folosind degetele și degetele mari, scoateți tortul din inelul de tort.

l) Scoateți ușor acetatul și transferați tortul pe un platou sau pe un suport de prăjitură. Se lasa sa se dezghete la frigider pentru minim 3 ore

70. Tort de morcovi

FACE 1 SFURT Foaie DE PRĂJIT DE TAVĂ
Ingrediente
- 115 g unt, la temperatura camerei [8 linguri (1 baton)]
- 120 g zahăr brun deschis [½ cană bine ambalată]
- 100 g zahăr granulat [½ cană]
- 2 oua
- 40 g ulei de sâmburi de struguri [¼ cană]
- 200 g făină [1¼ cani]
- 4 g praf de copt [1 lingurita]
- 1,5 g bicarbonat de sodiu [¼ linguriță]
- 1,5 g scorțișoară măcinată [¾ linguriță]
- 5 g sare cușer [1¼ linguriță]
- 225 g morcovi decojiți mărunțiți (2 până la 3 morcovi de mărime medie) [2½ căni]
- Pam sau alt spray de gătit antiaderent (opțional)

Directii

a) Încinge cuptorul la 350°F.

b) Combinați untul și zaharurile în vasul unui mixer cu suport echipat cu accesoriul cu paletă și smântână împreună la foc mediu-mare timp de 2 până la 3 minute. Răzuiți părțile laterale ale bolului, adăugați ouăle și amestecați la foc mediu-mare timp de 2 până la 3 minute. Răzuiți încă o dată părțile laterale ale vasului.

c) La viteză mică, introduceți uleiul. Măriți viteza mixerului la mediu-mare și zbârciți timp de 4 până la 6 minute, până când amestecul este practic alb, de două ori mai mare decât amestecul original pufos de unt și zahăr și complet omogen, fără urme de grăsime. Nu grăbi procesul. Opriți mixerul și răzuiți părțile laterale ale vasului.

d) La viteză foarte mică, adăugați făina, praful de copt, bicarbonatul de sodiu, scorțișoara și sarea. Amestecați timp de 45 până la 60 de secunde, doar până când aluatul se opreşte şi toate resturile de ingrediente uscate au fost încorporate. Răzuiţi părţile laterale ale vasului.

e) Desprindeţi paleta şi scoateţi vasul din mixer. Turnaţi morcovii mărunţiţi în bol şi, cu o spatulă, pliaţi-i în aluat.

f) Pam-spray un sfert de tava de foaie şi tapetaţi-o cu pergament, sau doar tapetaţi tava cu un Silpat. Cu o spatulă, întindeţi aluatul de tort într-un strat uniform în tavă.

g) Coaceţi tortul timp de 25 până la 30 de minute. Prajitura va creste si va umfla, dublandu-si volumul, dar va ramane usor untos si dens. La 25 de minute, împinge uşor marginea prăjiturii cu degetul: tortul trebuie să se întoarcă uşor înapoi, iar centrul să nu mai fie agitat. Se lasa prajitura la cuptor inca 3-5 minute daca nu trece aceste teste.

h) Scoateţi tortul din cuptor şi răciţi-l pe un grătar sau, în caz de praf, la frigider sau congelator (nu vă faceţi griji, nu înşală). Tortul racit se poate pastra la frigider, invelit in folie de plastic, pana la 5 zile.

71. Glazura Graham

FACE Aproximativ 230 G (1 CANA)

Ingrediente
- ½ porție Crustă Graham
- 85 g lapte [⅓cană]
- 2 g sare cușer [½ linguriță]
- 85 g unt, la temperatura camerei [6 linguri]
- 15 g zahăr brun deschis [1 lingură bine ambalată]
- 10 g zahăr de cofetă [1 lingură]
- 0,5 g scorțișoară măcinată [½ linguriță]
- 0,5 g sare cușer [⅛ linguriță]

Directii

a) Combinați crusta Graham, laptele și sarea într-un blender, porniți viteza la mediu-mare și treceți până la omogenizare și omogenizare. Va dura 1 până la 3 minute (în funcție de extraordinaritatea blenderului dvs.). Dacă amestecul nu se prinde de lama blenderului, opriți blenderul, luați o linguriță mică și răzuiți părțile laterale ale recipientului, amintindu-vă să răzuiți sub lamă, apoi încercați din nou.

b) Combinați untul, zaharurile, scorțișoara și sarea în vasul unui mixer cu suport prevăzut cu accesoriul cu paletă și smântâniți împreună la foc mediu-mare timp de 2 până la 3 minute, până când devine pufos și pete galben. Răzuiți părțile laterale ale vasului cu o spatulă.

c) La viteză mică, introduceți conținutul blenderului. După 1 minut, porniți viteza la mediu-mare și lăsați-o să rupă încă 2 minute. Răzuiți părțile laterale ale vasului cu o spatulă. Dacă amestecul nu are un bronz uniform și palid, dați bolului încă o răzuire în jos și glazurului încă un minut de vâslire de mare viteză.

d) Folosiți glazura imediat sau păstrați-l într-un recipient ermetic la frigider până la 1 săptămână.

72. Trufe de tort de morcovi

FACE DOUASprezece până la cincisprezece BILUTE DE 30 G (1 UNCIA).

Ingrediente
- 300 g resturi de tort cu morcovi [3 căni]
- 25 până la 50 g Cheesecake lichid [2 până la 4 linguri]
- ½ porție pesmet de lapte, măcinat fin într-un robot de bucătărie
- 90 g ciocolată albă, topită [3 uncii]

Directii

a) Combinați resturile de prăjitură de morcovi și 25 g (2 linguri) de cheesecake lichid în vasul unui mixer cu suport prevăzut cu accesoriul de paletă și vâsliți până când sunt suficient de umede pentru a se frământa într-o bilă. Dacă nu este suficient de umed pentru a face acest lucru, adăugați până la 25 g (2 linguri) mai mult cheesecake lichid și frământați-l.

b) Folosind o lingură de supă, împărțiți 12 bile egale, fiecare jumătate de dimensiunea unei mingi de ping-pong. Rotiți fiecare între palmele mâinilor pentru a le modela și netezi într-o sferă rotundă.

c) Puneți firimiturile de lapte măcinate într-un castron mediu. Cu mănuși de latex, puneți 2 linguri de ciocolată albă în palmă și rulați fiecare bilă între palme, acoperind-o într-un strat subțire de ciocolată topită; adăugați mai multă ciocolată după cum este necesar.

d) Pune câte 3 sau 4 bile acoperite cu ciocolată în bolul cu firimituri de lapte. Aruncați-le imediat cu firimiturile pentru a se îmbrăca, înainte ca coaja de ciocolată să se întărească și să nu mai acționeze ca un lipici (dacă se întâmplă acest lucru, doar acoperiți mingea cu un alt strat subțire de ciocolată topită).

e) Dați la frigider cel puțin 5 minute pentru a se fixa complet cojile de ciocolată înainte de a le mânca sau de a le păstra. Într-un recipient ermetic, trufele se vor păstra până la 1 săptămână la frigider.

73. Umplutură de cheesecake cu mentă

FACE SUFICIENT PENTRU 1 PLAINTA DE LACASTI

Ingrediente
- 60 g ciocolată albă [2 uncii]
- 20 g ulei de sâmburi de struguri [2 linguri]
- 75 g cremă de brânză [2½ uncii]
- 20 g zahăr de cofetarie [2 linguri]
- 2 g extract de mentă [½ linguriță]
- 1 g sare cușer [¼ linguriță]
- 2 picături colorant alimentar verde

Directii

a) Combinați ciocolata albă și uleiul și topiți amestecul la foc mic timp de 30 până la 50 de secunde.

b) Combinați crema de brânză și zahărul de cofetă în bolul unui mixer cu suport prevăzut cu accesoriul cu paletă și amestecați împreună la viteză medie-mică timp de 2 până la 3 minute pentru a se amesteca.

c) La viteză mică, introduceți încet amestecul de ciocolată albă. Se amestecă timp de 1 până la 2 minute, până când se încorporează complet în crema de brânză. Răzuiți părțile laterale ale vasului.

d) Adăugați extractul de mentă, sare și colorantul alimentar și amestecați timp de 1 până la 2 minute sau doar până când devine neted și verde spiriduș.

74. Glazură de mentă

FACE SUFICIENT PENTRU 1 PLAINTA DE LACASTI

Ingrediente
- 30 g ciocolată albă [1 uncie]
- 6 g ulei de sâmburi de struguri [2 lingurițe]
- 0,5 g extract de mentă [mică $\frac{1}{8}$ linguriță]
- 1 picătură colorant alimentar verde

Directii
a) Combinați ciocolata albă și uleiul într-un vas potrivit pentru cuptorul cu microunde și topiți ciocolata la foc mic timp de 20 până la 30 de secunde. Folosiți o spatulă rezistentă la căldură pentru a amesteca uleiul și ciocolata împreună, lucrând până când amestecul este lucios și neted.
b) Se amestecă extractul de mentă și colorantul alimentar.

75. Tort cu strat de malţ de ciocolată

FACE 1 (6-INCI) PRĂTIT ÎN STRATURI, ÎNĂLĂME DE LA 5 LA 6 INCI; PORȚII DE LA 6 LA 8

Ingrediente
- 1 portie Tort de ciocolata
- 1 porție Ovaltine Soak
- 1 porție Sos Fudge de malț, cald
- ½ porție pesmet de lapte cu malț
- 1 porție de bezele carbonizate

Directii

a) Pune pe blat o bucată de pergament sau un Silpat. Întoarceți tortul peste el și îndepărtați pergamentul sau Silpatul de pe fundul prăjiturii. Folosește inelul de tort pentru a ștampila 2 cercuri din tort. Acestea sunt primele 2 straturi de tort. „Rămăsul" de tort rămas se va reuni pentru a forma stratul de jos al prăjiturii.

Stratul 1, partea de jos

b) Curățați inelul de tort și puneți-l în centrul unei tavi tapetate cu pergament curat sau un Silpat. Folosiți 1 bandă de acetat pentru a căptuși interiorul inelului de tort.

c) Pune resturile de tort în interiorul inelului și folosește dosul mâinii pentru a lipi resturile într-un strat uniform.

d) Înmoaie o pensulă de patiserie în înmuiatul Ovaltine și dă stratului de prăjitură o baie bună și sănătoasă de jumătate din înmuiere.

e) Folosiți dosul unei linguri pentru a întinde o cincime din sosul de fudge de malț într-un strat uniform peste tort. (Sfat util: cu cât sosul de fudge este mai cald, cu atât este mai ușor de întins.)

f) Presărați jumătate din firimiturile de lapte cu malț și o treime din marshmallow-urile carbonizate uniform peste sosul de fudge de malț. Folosiți dosul mâinii pentru a le ancora pe loc.

g) Folosiți dosul unei linguri pentru a întinde încă o cincime din sosul de fudge de malț cât mai uniform posibil peste firimituri și bezele.

Stratul 2, Mijlocul

h) Cu degetul arătător, introduceți ușor a doua fâșie de acetat între inelul de tort și partea de sus a $\frac{1}{4}$ inch din prima fâșie de acetat, astfel încât să aveți un inel clar de acetat de 5 până la 6 inci înălțime - suficient de înalt pentru a susține înălțimea tortului finit. Puneți o prăjitură rotundă deasupra sosului și repetați procesul pentru stratul 1.

Stratul 3, partea de sus

i) Prăjitura rămasă se cuibără în sos. Acoperiți partea de sus a tortului cu sosul de fudge rămas. Deoarece este un sos, nu un glazur, aici nu ai de ales decât să faci un blat lucios, perfect plat. Se ornează cu marshmallow-urile carbonizate rămase.

j) Transferați tava foaie la congelator și lăsați-l la congelator pentru minim 12 ore pentru a se întări tortul și umplutura. Tortul se va păstra la congelator până la 2 săptămâni.

k) Cu cel puțin 3 ore înainte de a fi gata să serviți tortul, scoateți tava din foaie din congelator și, folosind degetele și degetele mari, scoateți tortul din inelul de tort. Scoateți ușor acetatul și transferați tortul pe un platou sau pe un suport de prăjitură. Se lasa sa se dezghete la frigider pentru minim 3 ore.

l) Tăiați prăjitura felii și serviți.

76. Tort de ciocolata

FACE 1 SFURT Foaie DE PRĂJIT DE TAVĂ
Ingrediente
- 115 g unt, la temperatura camerei [8 linguri (1 baton)]
- 300 g zahăr [1½ cană]
- 3 oua
- 110 g zară [½ cană]
- 40 g ulei de sâmburi de struguri [¼ cană]
- 4 g extract de vanilie [1 lingurita]
- ¼ porție Sos Fudge [38 g (3 linguri)]
- 155 g faina de prajitura [1¼ cani]
- 70 g cacao pudră
- 6 g praf de copt [1½ linguriță]
- 6 g sare kosher [1½ linguriță]
- Pam sau alt spray de gătit antiaderent (opțional)

Directii
a) Încinge cuptorul la 350°F.
b) Combinați untul și zahărul în bolul unui mixer cu suport prevăzut cu accesoriul cu paletă și smântâniți împreună la foc mediu-mare timp de 2 până la 3 minute. Răzuiți părțile laterale ale bolului, adăugați ouăle și amestecați la foc mediu-mare timp de 2 până la 3 minute. Răzuiți încă o dată părțile laterale ale vasului.
c) La viteză mică, adăugați zara, uleiul și vanilia. Măriți viteza mixerului la mediu-mare și zbătiți timp de 3 până la 5 minute, până când amestecul este practic alb, de două ori mai mare decât amestecul original pufos de unt și zahăr și complet omogen. Nu ar trebui să existe dungi de grăsime sau lichide. Opriți mixerul și răzuiți părțile laterale ale vasului.
d) Adăugați sosul de fudge și amestecați la viteză mică până se încorporează complet. Răzuiți părțile laterale ale vasului.
e) Cu o spatulă, amestecați făina, pudra de cacao, praful de copt și sarea într-un castron mediu. La viteză foarte mică, adăugați ingredientele uscate și amestecați timp de 45 până

la 60 de secunde, doar până când aluatul se oprește. Răzuiți părțile laterale ale bolului și amestecați la viteză mică timp de încă 45 de secunde pentru a vă asigura că sunt incorporate bucățele mici de pudră de cacao și făină de prăjitură.

f) Pam-spray un sfert de tava de foaie și tapetați-o cu pergament, sau doar tapetați tava cu un Silpat. Cu o spatulă, întindeți aluatul de tort într-un strat uniform în tavă. Coaceți timp de 30 până la 35 de minute. Prajitura va creste si va umfla, dublandu-si volumul, dar va ramane usor untos si dens. La 30 de minute, împinge ușor marginea prăjiturii cu degetul: tortul trebuie să se întoarcă ușor înapoi, iar centrul să nu mai fie agitat. Se lasa prajitura la cuptor inca 3-5 minute daca nu trece aceste teste.

g) Scoateți tortul din cuptor și răciți pe un grătar.

77. Tort cu strat de plăcintă cu mere

FACE 1 (6-INCI) PRĂTIT ÎN STRATURI, ÎNĂLĂME DE LA 5 LA 6 INCI; PORȚII DE LA 6 LA 8

Ingrediente
- 1 porție Tort cu unt abia maro
- 1 porție Cidru de mere Soak
- 1 porție Cheesecake lichid
- ½ porție Crumb de plăcintă
- 1 porție Umplutură de plăcintă cu mere
- ½ porție de glazură cu firimituri de plăcintă

Directii

a) Pune pe blat o bucată de pergament sau un Silpat. Întoarceți tortul peste el și îndepărtați pergamentul sau Silpatul de pe fundul prăjiturii. Folosește inelul de tort pentru a ștampila 2 cercuri din tort. Acestea sunt primele 2 straturi de tort. „Rămăsul" de tort rămas se va reuni pentru a forma stratul de jos al prăjiturii.

Stratul 1, partea de jos

b) Curățați inelul de tort și puneți-l în centrul unei tavi tapetate cu pergament curat sau un Silpat. Folosiți 1 bandă de acetat pentru a căptuși interiorul inelului de tort.

c) Pune resturile de tort în interiorul inelului și folosește dosul mâinii pentru a lipi resturile într-un strat uniform.

d) Înmoaie o pensulă de patiserie în cidru de mere și dă stratului de prăjitură o baie bună și sănătoasă de jumătate din înmuiat.

e) Folosiți dosul unei linguri pentru a întinde jumătate din cheesecake lichid într-un strat uniform peste tort.

f) Presărați uniform o treime din firimiturile de plăcintă peste cheesecake lichid. Folosiți dosul mâinii pentru a le ancora pe loc.

g) Folosiți dosul unei linguri pentru a întinde o jumătate din umplutura de plăcintă cu mere cât mai uniform posibil peste firimituri.

Stratul 2, Mijlocul

h) Cu degetul arătător, introduceți ușor a doua fâșie de acetat între inelul de tort și partea de sus a $\frac{1}{4}$ inch din prima fâșie de acetat, astfel încât să aveți un inel clar de acetat de 5 până la 6 inci înălțime - suficient de înalt pentru a susține înălțimea tortului finit. Puneți o prăjitură rotundă deasupra umpluturii și repetați procesul pentru stratul 1.

Stratul 3, partea de sus

i) Se cuibără prăjitura rămasă în umplutura de plăcintă cu mere. Acoperiți partea de sus a tortului cu toată glazura de pesmet de plăcintă. Dă-i volum și vârtej sau fă așa cum facem noi și optează pentru un blat perfect plat. Ornați glazura cu firimiturile de plăcintă rămase.

j) Transferați tava foaie la congelator și lăsați-l la congelator pentru minim 12 ore pentru a se întări tortul și umplutura. Tortul se va păstra la congelator până la 2 săptămâni.

k) Cu cel puțin 3 ore înainte de a fi gata să serviți tortul, scoateți tava din foaie din congelator și, folosind degetele și degetele mari, scoateți tortul din inelul de tort. Scoateți ușor acetatul și transferați tortul pe un platou sau pe un suport de prăjitură. Se lasa sa se dezghete la frigider minim 3 ore (invelit bine in plastic, se poate da la frigider pana la 5 zile).

l) Tăiați prăjitura felii și serviți.

78. Tort cu unt brun

FACE 1 SFERT TAVĂ DE Foaie

Ingrediente

- 55 g unt [4 linguri (½ baton)]
- 40 g unt brun [2 linguri]
- 250 g zahăr granulat [1¼ cani]
- 60 g zahăr brun deschis [¼ cană bine ambalat]
- 3 oua
- 110 g zară [½ cană]
- 65 g ulei de sâmburi de struguri [⅓ cană]
- 2 g extract de vanilie [½ linguriță]
- 185 g faina de prajitura [1½ cani]
- 4 g praf de copt [1 lingurita]
- 4 g sare cușer [1 linguriță]
- Pam sau alt spray de gătit antiaderent (opțional)

Directii

a) Încinge cuptorul la 350°F.

b) Combinați unturile și zaharurile în bolul unui mixer cu suport prevăzut cu accesoriul cu paletă și smântână împreună la foc mediu-mare timp de 2 până la 3 minute. Răzuiți părțile laterale ale bolului, adăugați ouăle și amestecați la foc mediu-mare timp de 2 până la 3 minute. Răzuiți încă o dată părțile laterale ale vasului.

c) Puneți zara, uleiul și vanilia în timp ce paleta se învârte la viteză mică. Măriți viteza la mediu-mare și vâsliți 5 până la 6 minute, până când amestecul este practic alb, de două ori mai mare decât amestecul original pufos de unt și zahăr și complet omogen. Practic forțați prea mult lichid într-un amestec deja gras care nu vrea să-i facă loc, așa că dacă nu arată corect după 6 minute, continuați să amestecați. Opriți mixerul și răzuiți părțile laterale ale vasului.

d) La viteză foarte mică, adăugați făina de prăjitură, praful de copt și sarea. Amestecați timp de 45 până la 60 de secunde, doar până când aluatul se oprește și toate resturile de ingrediente uscate au fost încorporate. Răzuiți părțile laterale ale vasului. Amestecați la viteză mică încă 45 de secunde pentru a vă asigura că sunt incorporate bucățele mici de făină de prăjitură.

e) Pam-spray un sfert de tava de foaie și tapetați-o cu pergament, sau doar tapetați tava cu un Silpat. Cu o spatulă, întindeți aluatul de tort într-un strat uniform în tavă. Coaceți timp de 30 până la 35 de minute. Prajitura va creste si va umfla, dublandu-si volumul, dar va ramane usor untos si dens. La 30 de minute, împinge ușor marginea prăjiturii cu degetul: tortul trebuie să se întoarcă ușor înapoi, iar centrul să nu mai fie agitat. Se lasa prajitura la cuptor inca 3-5 minute daca nu trece aceste teste.

f) Scoateți tortul din cuptor și răciți-l pe un grătar sau, în caz de praf, la frigider sau congelator (nu vă faceți griji, nu înșală). Tortul racit se poate pastra la frigider, invelit in folie de plastic, pana la 5 zile.

79. Cheesecake lichid

FACE Aproximativ 325 G (1½ CANI)
Ingrediente
- 225 g cremă de brânză [8 uncii]
- 150 g zahăr [¾ cană]
- 6 g amidon de porumb [1 lingura]
- 2 g sare cușer [½ linguriță]
- 25 g lapte [2 linguri]
- 1 ou

Directii

a) Încinge cuptorul la 300°F.

b) Pune crema de branza in vasul unui mixer cu suport prevazut cu accesoriul cu paleta si amesteca la viteza mica timp de 2 minute. Răzuiți părțile laterale ale vasului cu o spatulă. Adăugați zahărul și amestecați timp de 1 până la 2 minute, până când zahărul s-a încorporat complet. Răzuiți părțile laterale ale vasului.

c) Amestecați amidonul de porumb și sarea într-un castron mediu. Se bate laptele într-un flux lent și constant, apoi se bate oul până când pasta devine omogenă.

d) Cu mixerul la viteză medie-mică, turnați în suspensie de ouă. Vâsliți timp de 3 până la 4 minute, până când amestecul este neted și liber. Răzuiți părțile laterale ale vasului.

e) Tapetați fundul și părțile laterale ale unei tavi de copt de 6 × 6 inci cu folie de plastic. Turnați aluatul de cheesecake în tavă, puneți tava la cuptor și coaceți timp de 15 minute. Agitați ușor tigaia. Cheesecake-ul ar trebui să fie mai ferm și mai fixat spre limitele exterioare ale tăvii de copt, dar să fie totuși agitat și liber în centrul mort. Dacă cheesecake-ul este zguduit peste tot, mai lasă-i 5 minute. Și încă 5 minute dacă are nevoie, dar niciodată nu mi-a luat mai mult de 25 de minute să coac unul. Dacă cheesecake-ul crește mai mult de $\frac{1}{4}$ inch sau începe să se rumenească, scoateți-l imediat din cuptor.

f) Răciți complet cheesecake-ul, pentru a termina procesul de coacere și lăsați-l să se întărească. Produsul final va semăna cu un cheesecake, dar va fi suficient de flexibil și de flexibil pentru a se întinde sau unt cu ușurință, având totuși corp și volum. Odată răcit, cheesecake-ul poate fi păstrat într-un recipient ermetic la frigider până la 1 săptămână.

80. Tort cu strat de banane

FACE 1 (6-INCI) PRĂTIT ÎN STRATURI, ÎNĂLÂME DE LA 5 LA 6 INCI; PORȚII DE LA 6 LA 8

Ingrediente
- 1 porție Tort cu banane
- 55 g lapte [¼ cană]
- 1 porție Ganache de ciocolată și alune, încălzită
- ½ porție Crunch cu alune
- ½ portie de crema de banane
- 1 porție Glazură cu alune

Directii

a) Pune pe blat o bucată de pergament sau un Silpat. Întoarceți tortul peste el și îndepărtați pergamentul sau Silpatul de pe fundul prăjiturii. Folosește inelul de tort pentru a ștampila 2 cercuri din tort. Acestea sunt primele 2 straturi de tort. „Rămășul" de tort rămas se va reuni pentru a forma stratul de jos al prăjiturii.

Stratul 1, partea de jos

b) Curățați inelul de tort și puneți-l în centrul unei tavi tapetate cu pergament curat sau un Silpat. Folosiți 1 bandă de acetat pentru a căptuși interiorul inelului de tort.

c) Pune resturile de tort în interiorul inelului și folosește dosul mâinii pentru a lipi resturile de tort într-un strat uniform.

d) Înmoaie o pensulă de patiserie în lapte și dă stratului de prăjitură o baie bună și sănătoasă de jumătate din lapte.

e) Folosiți dosul unei linguri pentru a întinde jumătate din ganache într-un strat uniform peste tort.

f) Presărați uniform o treime din crocantul de alune peste ganache. Folosiți dosul mâinii pentru a-l ancora pe loc.

g) Folosește dosul unei linguri pentru a întinde jumătate din crema de banane cât mai uniform posibil peste crunch.

Stratul 2, Mijlocul

h) Cu degetul arătător, introduceți ușor a doua fâșie de acetat între inelul de tort și partea de sus a $\frac{1}{4}$ inch din prima fâșie de acetat, astfel încât să aveți un inel clar de acetat de 5 până la 6 inci înălțime - suficient de înalt pentru a susține înălțimea tortului finit. Puneți o prăjitură rotundă deasupra cremei de banane și repetați procesul pentru stratul 1.

Stratul 3, partea de sus

i) Se cuibără prăjitura rămasă în crema de banane. Acoperiți blatul tortului cu tot glazura de alune. Dă-i volum și vârtej sau fă așa cum facem noi și optează pentru un blat perfect plat. Ornați glazura cu ciorchinele rămase de crocant de alune.

j) Transferați tava foaie la congelator și lăsați-l la congelator pentru minim 12 ore pentru a se întări tortul și umplutura. Tortul se va păstra la congelator până la 2 săptămâni.

k) Cu cel puțin 3 ore înainte de a fi gata să serviți tortul, scoateți tava din foaie din congelator și, folosind degetele și degetele mari, scoateți tortul din inelul de tort. Scoateți ușor acetatul și transferați tortul pe un platou sau pe un suport de prăjitură. Se lasa sa se dezghete la frigider pentru minim 3 ore

l) Tăiați prăjitura felii și serviți.

81. Tort cu banane

FACE 1 SFERT TAVĂ DE Foaie

Ingrediente
- 85 g unt, la temperatura camerei [6 linguri]
- 200 g zahăr [1 cană]
- 1 ou
- 110 g zară [½ cană]
- 20 g ulei de sâmburi de struguri [2 linguri]
- 2 g extract de banane [½ linguriță]
- 225 g banane [2]
- 225 g făină [1⅓ cani]
- 3 g praf de copt [¾ linguriță]
- 3 g bicarbonat de sodiu [½ linguriță]
- 2 g sare cușer [½ linguriță]

Directii

a) Încinge cuptorul la 325°F.

b) Combinați untul și zahărul în bolul unui mixer cu suport prevăzut cu accesoriul cu paletă și smântâniți împreună la foc mediu-mare timp de 2 până la 3 minute. Răzuiți părțile laterale ale bolului, adăugați oul și amestecați din nou la foc mediu-mare timp de 2 până la 3 minute. Răzuiți încă o dată părțile laterale ale vasului.

c) Introduceți zara, uleiul și extractul de banane în timp ce paleta se învârte la viteză mică. Măriți viteza mixerului la mediu-mare și zbâțiți timp de 5 până la 6 minute, până când amestecul este practic alb, de două ori mai mare decât amestecul original pufos de unt și zahăr și complet omogen. Practic forțați prea mult lichid într-un amestec deja gras care nu vrea să-i facă loc, așa că dacă nu arată corect după 6 minute, continuați să amestecați. Opriți mixerul și răzuiți părțile laterale ale vasului.

d) La viteză foarte mică, adăugați bananele și amestecați timp de 45 până la 60 de secunde pentru a vă asigura că toate bananele sunt rupte.
e) Încă la viteză mică, adăugați făina, praful de copt, bicarbonatul de sodiu și sarea și amestecați timp de 45 până la 60 de secunde, doar până când aluatul se oprește și s-au încorporat resturile de ingrediente uscate. Răzuiți părțile laterale ale vasului.
f) Pam-spray un sfert de tavă de foaie și tapetați cu pergament, sau doar tapetați tava cu un Silpat. Cu o spatulă, întindeți aluatul de tort într-un strat uniform în tavă. Apăsați partea de jos a tavii pentru a uniformiza stratul.
g) Coaceți timp de 25 până la 30 de minute. Prajitura va creste si va umfla, dublandu-si volumul, dar va ramane usor untos si dens. La 25 de minute, împinge ușor marginea prăjiturii cu degetul: tortul trebuie să se întoarcă ușor înapoi, iar centrul să nu mai fie agitat. Lăsați tortul la cuptor încă 3 până la 5 minute dacă tortul nu trece aceste teste.
h) Scoateți prăjitura din cuptor și răciți-o pe un grătar sau, în puțin, la frigider sau congelator.

82. Glazura de alune

ORĂ 110 G (⅓ CĂȘĂ)

Ingrediente
- 25 g unt, la temperatura camerei [2 linguri]
- 65 g pastă de alune [¼ cană]
- 20 g zahăr de cofetarie [2 linguri]
- 0,5 g sare cușer [⅛ linguriță]

Directii
a) Pune untul în vasul unui mixer cu suport prevăzut cu accesoriul de paletă și zboaie la viteză medie-mare până devine complet neted. Răzuiți părțile laterale ale vasului cu o spatulă. Aceasta este o cantitate mică de ingrediente, așa că utilizați acum mixerul bunic sau preluați sarcina manual într-un bol mediu.

b) Adăugați pasta de alune, zahărul de cofetarie și sarea și amestecați la viteză mare până când glazura devine pufoasă și nu are cocoloașe, 3 până la 4 minute. Răzuiți părțile laterale ale bolului și amestecați timp de 15 secunde, doar pentru a vă asigura că totul este frumos și neted.

c) Utilizați imediat sau păstrați într-un recipient ermetic la frigider până la 1 lună. Aduceți la temperatura camerei înainte de utilizare.

83. Sos fudge

FACE ½ CANA

Ingrediente
- 30 g ciocolată 72%, tocată [1 uncie]
- 18 g cacao pudră
- 0,5 g sare cușer [⅛ linguriță]
- 100 g glucoză [¼ cană]
- 25 g zahăr [2 linguri]
- 55 g smântână groasă [¼ cană]

Directii

a) Combinați ciocolata, pudra de cacao și sarea într-un castron mediu.

b) Combinați glucoza, zahărul și smântâna groasă într-o cratiță cu fundul greu și amestecați intermitent în timp ce aduceți la fierbere la foc mare. În momentul în care fierbe, se toarnă în vasul care ține ciocolata. Lăsați să stea timp de 1 minut întreg.

c) Încet, încet începeți să amestecați amestecul. Continuați apoi, mărind vigoarea baterii la fiecare 30 de secunde, până când amestecul devine lucios și catifelat. Acest lucru va dura 2 până la 4 minute, în funcție de viteza și puterea ta. Puteți folosi sosul în acest moment sau îl puteți păstra într-un recipient ermetic la frigider până la 2 săptămâni; nu înghețați.

84. Sos fudge de malt

FACE Aproximativ 1¾ CANI

Ingrediente
- 60 g ciocolată 72%, tocată [2 uncii]
- 80 g Ovaltine, aromă de malț [1 cană]
- 5 g melasa [1 lingurita]
- 1 g sare cușer [¼ linguriță]
- 200 g glucoză [½ cană]
- 50 g zahăr [¼ cană]
- 110 g smântână groasă [½ cană]

Directii

a) Combinați ciocolata, ovaltina, melasa și sarea într-un castron mediu.

b) Combinați glucoza, zahărul și smântâna groasă într-o cratiță cu fundul greu și amestecați intermitent în timp ce aduceți la fierbere la foc mare. În momentul în care fierbe, se toarnă în vasul care ține ciocolata. Lăsați să stea timp de 1 minut întreg.

c) Încet, încet începeți să amestecați amestecul. Continuați apoi, mărind vigoarea baterii la fiecare 30 de secunde, până când amestecul devine lucios și catifelat. Acest lucru va dura 2 până la 4 minute, în funcție de viteza și puterea ta.

85. Sos fudge Earl Grey

FACE APROBATII 250 G (¼ CANA), SAU SUFICIENTA PENTRU 4 SAU MAI MULTE SUNDALES

Ingrediente
- 40 g apă [3 linguri]
- 1 pliculeț de ceai Earl Grey
- 30 g ciocolată 72%, tocată [1 uncie]
- 18 g cacao pudră
- 0,5 g sare cușer [⅛ linguriță]
- 100 g glucoză [¼ cană]
- 25 g zahăr [2 linguri]
- 55 g smântână groasă [¼ cană]

Directii

a) Aduceți apa la fiert. Se ia de pe foc, se adauga ceaiul si se lasa la infuzat 4 minute.

b) Storci și scoateți plicul de ceai și turnați ceaiul într-un castron mediu. Adăugați ciocolata, pudra de cacao și sarea.

c) Combinați glucoza, zahărul și smântâna groasă într-o cratiță cu fundul greu și amestecați intermitent în timp ce aduceți la fierbere la foc mare. În momentul în care fierbe, se toarnă în vasul care ține ciocolata. Lăsați să stea timp de 1 minut întreg.

d) Încet, încet începeți să amestecați amestecul. Apoi continua, crescând vigoarea baterii la fiecare 30 de secunde.

86. Ganache de dovleac

FACE Aproximativ 340 G (1¼ CANI)

Ingrediente
- 150 g ciocolată albă [5¼ uncii]
- 25 g unt [2 linguri]
- 50 g glucoză [2 linguri]
- 55 g smântână rece [¼ cană]
- 75 g piure de dovleac Libby's [⅓ cană]
- 4 g sare cuşer [1 linguriţă]
- 1 g scorţişoară măcinată [½ linguriţă]

Directii

a) Combinaţi ciocolata albă şi untul într-un vas sigur pentru cuptorul cu microunde şi topiţi-le uşor în cuptorul cu microunde în explozii de 15 secunde, amestecând între explozii.

b) Transferaţi amestecul de ciocolată într-un recipient. Încălziţi glucoza în cuptorul cu microunde timp de 15 secunde, apoi adăugaţi imediat amestecul de ciocolată şi bâzâiţi cu blenderul manual.

c) După un minut, turnaţi smântâna groasă, cu blenderul de mână în funcţiune.

d) Amestecaţi piureul de dovleac, sarea şi scorţişoara. Pune ganache-ul la frigider să se întărească înainte de utilizare, cel puţin 4 ore, sau, ideal, peste noapte.

87. Ganache de rădăcină de ţelină

FACE Aproximativ 375 G (1½ CANI)
Ingrediente
- 1 rădăcină medie de țelină, curățată și tăiată în bucăți
- 10 g ulei de sâmburi de struguri [1 lingură]
- 1 g sare cușer [¼ linguriță]
- 1 g piper negru proaspăt măcinat [¼ linguriță]
- lapte daca este nevoie
- 150 g ciocolată albă [5¼ uncii]
- 40 g unt [3 linguri]
- 50 g glucoză [2 linguri]
- 55 g smântână rece [¼ cană]
- 4 g sare cușer [1 linguriță]

Directii
a) Încinge cuptorul la 325°F.
b) Puneți bucățile de rădăcină de țelină pe o foaie mare de folie de aluminiu. Adăugați uleiul, sare și piper și amestecați pentru a acoperi rădăcina de țelină. Îndoiți folia pentru a cuprinde rădăcina de țelină, puneți pachetul de folie pe o tavă de foaie pentru a fi manipulat ușor și coaceți-l timp de 30 până la 60 de minute. Rădăcina de țelină ar trebui să fie ușor caramelizată și moale moale în acel moment; dacă nu, mai lasă-i la cuptor la intervale de 15 minute.
c) Transferați rădăcina de țelină într-un blender și faceți-o piure. (Dacă blenderul dvs. vă dă probleme, adăugați până la 2 linguri de lapte pentru a ajuta la funcționarea acestuia.) Treceți piureul printr-o strecurătoare cu ochiuri fine - ar trebui să aibă textura piureului de dovleac Libby (sau hrana pentru copii). Măsurați 125 g (½ cană) piure de rădăcină de țelină. Lasa sa se raceasca.
d) Combinați ciocolata albă și untul într-un vas sigur pentru cuptorul cu microunde și topiți-le ușor în cuptorul cu microunde în explozii de 15 secunde, amestecând între

explozii. Rezultatul ar trebui să fie abia cald la atingere și total omogen.

e) Transferați amestecul de ciocolată într-un recipient care poate găzdui un blender de imersie - ceva înalt și îngust, cum ar fi un recipient pentru delicatese din plastic de 1 litru. Încălziți glucoza în cuptorul cu microunde timp de 15 secunde, apoi adăugați imediat amestecul de ciocolată și bâzâiți cu blenderul manual. După un minut, introduceți smântâna groasă, cu blenderul de mână în funcțiune - amestecul se va reuni într-un material mătăsos, strălucitor și neted.

f) Amestecați piureul de rădăcină de țelină și sare; gustati si adaugati mai multa sare daca este nevoie. Pune ganache-ul la frigider să se întărească înainte de utilizare, cel puțin 4 ore, sau, ideal, peste noapte. Păstrată într-un recipient ermetic, se va păstra la frigider timp de 1 săptămână. Se serveste rece.

88. Ganache de sfeclă-lai

FACE Aproximativ 330 G (1½ CANI)

Ingrediente
- 2 sfeclă medie, decojită și tăiată în bucăți (folosește mănuși;)
- 1 tei
- lapte daca este nevoie
- 120 g ciocolată albă [4¼ uncii]
- 25 g unt [2 linguri]
- 100 g glucoză [¼ cană]
- 55 g smântână rece [¼ cană]
- 3 g sare cușer [¾ linguriță]

Directii
a) Încinge cuptorul la 325°F.
b) Înfășurați bucățile de sfeclă într-o foaie mare de folie de aluminiu și puneți-le pe o tavă pentru a le manipula mai ușor. Se prăjește timp de 1 până la 2 ore sau până când sfecla este fragedă; dați-le încă 30 de minute la cuptor dacă nu sunt.
c) Intre timp se rade coaja de la lime; rezervă. Stoarceți 8 g (2 lingurițe) de suc din lime și rezervați.
d) Transferați sfecla într-un blender și faceți-o piure. (Dacă blenderul dvs. vă dă probleme, adăugați până la 1 lingură de lapte pentru a ajuta la funcționarea acestuia.) Treceți piureul printr-o strecurătoare cu plasă fină - ar trebui să aibă textura piureului de dovleac Libby (sau alimente pentru copii). Măsurați 120 g (⅓cană) piure de sfeclă. Lasa sa se raceasca.
e) Combinați ciocolata albă și untul într-un vas sigur pentru cuptorul cu microunde și topiți-le ușor în cuptorul cu microunde în explozii de 15 secunde, amestecând între explozii. Rezultatul ar trebui să fie abia cald la atingere și total omogen.
f) Transferați amestecul de ciocolată într-un recipient care poate găzdui un blender de imersie - ceva înalt și îngust, cum ar fi un recipient pentru delicatese din plastic de 1 litru.

Încălziți glucoza în cuptorul cu microunde timp de 15 secunde, apoi adăugați imediat amestecul de ciocolată și bâzâiți cu blenderul manual. După un minut, introduceți smântâna groasă, cu blenderul de mână în funcțiune - amestecul se va reuni într-un material mătăsos, strălucitor și neted.

g) Amestecați piureul de sfeclă, coaja de lămâie și sarea. Pune ganache-ul la frigider pentru 30 de minute pentru a se întări.

h) Folosiți o spatulă pentru a îndoi sucul de lămâie în ganache (nu faceți acest lucru până când ganache-ul este întărit, altfel veți sparge ganache-ul). Pune ganache-ul înapoi la frigider pentru cel puțin 3 ore, sau, ideal, peste noapte. Păstrată într-un recipient ermetic, se va păstra la frigider timp de 1 săptămână. Se serveste rece.

89. Ganache de ciocolată cu alune

FACE Aproximativ 215 G (¼ CEST)

Ingrediente
- 55 g smântână groasă [¼ cană]
- 60 g ciocolată gianduja, topită [2 uncii]
- 65 g pastă de alune [¼ cană]
- ¼ porție Sos Fudge [38 g (3 linguri)]
- 1 g sare cușer [¼ linguriță]

Directii

a) Aduceți smântâna grea la fierbere într-o cratiță mică cu fund greu la foc mediu-înalt.

b) Între timp, combinați gianduja topită, pasta de alune, sosul de fudge și sarea într-un castron mediu.

c) Se toarnă crema în bol și se lasă să stea netulburată timp de 1 minut. Cu un blender de mână sau un tel, amestecați încet conținutul vasului până când amestecul devine lucios și catifelat. Acest lucru va dura 2 până la 4 minute, în funcție de viteza și puterea ta. Utilizați imediat sau păstrați într-un recipient ermetic la frigider până la 2 săptămâni; nu înghețați.

90. Graham ganache

ORĂ 150 G (⅓CĂȘĂ)

Ingrediente
- ½ porție Crustă Graham
- 85 g lapte [⅓cană]
- 2 g sare cușer [½ linguriță]

Directii

a) Combinați crusta Graham, laptele și sarea într-un blender și treceți la piure la viteză medie până la omogenizare și omogenizare - va dura 1 până la 3 minute (în funcție de minunatia blenderului dvs.).

b) Dacă amestecul nu se prinde de lama blenderului, opriți-l, luați o linguriță mică și răzuiți părțile laterale ale recipientului, amintindu-vă să răzuiți sub lamă, apoi încercați din nou.

c) Utilizați ganache-ul imediat sau păstrați-l într-un recipient ermetic la frigider până la 5 zile.

91. Grapefruit caș de pasiune

FACE Aproximativ 350 G (1¼ CANI)
Ingrediente
- 50 g piure de fructul pasiunii [¼ cană]
- 40 g zahăr [3 linguri]
- 1 ou
- ½ foaie de gelatină
- 85 g unt foarte rece [6 linguri]
- 1 g sare cușer [¼ linguriță]
- 1 grapefruit mare
- 3 g ulei de sâmburi de struguri [1 linguriță]

Directii
a) Puneți piureul de fructul pasiunii și zahărul într-un blender și amestecați până când granulele de zahăr s-au dizolvat. Adăugați oul și mixați la foc mic până obțineți un amestec galben portocaliu strălucitor. Transferați conținutul blenderului într-o oală sau o cratiță medie. Curățați recipientul blenderului.

b) Infloreste gelatina.

c) Se încălzește amestecul de fructul pasiunii la foc mic, amestecând regulat. Pe măsură ce se încălzește, va începe să se îngroașe; fii atent la el. Odată ce amestecul fierbe, scoateți-l de pe aragaz și transferați-l în blender. Adăugați gelatina înflorită, untul și sarea și amestecați până când amestecul este gros, strălucitor și super neted.

d) Transferați amestecul într-un recipient termorezistent și puneți-l la frigider pentru 30 până la 60 de minute, până când cașul de fructul pasiunii s-a răcit complet.

e) În timp ce coagul de fructe de pasiune se răcește, folosiți un cuțit pentru a îndepărta cu grijă coaja din grapefruit. Apoi scoateți cu grijă fiecare segment de grapefruit din membranele sale, tăind pe ambele părți ale fiecărui segment, de-a lungul membranei, până în centrul fructului; segmentele ar trebui să iasă imediat.

f) Puneți bucățile de grepfrut într-o cratiță mică cu uleiul de sâmburi de struguri și încălziți la foc mic, amestecând din când în când și ușor cu o lingură. După aproximativ 2 minute, uleiul cald va ajuta la separarea și încapsularea „firelor" individuale de grapefruit. Se ia de pe foc si se lasa firele sa se raceasca putin inainte de a continua.

g) Folosind o lingură sau o spatulă de cauciuc, amestecați ușor firele de grepfrut în cașul răcit de fructul pasiunii. Utilizați imediat sau transferați într-un recipient ermetic și păstrați la frigider până la 1 săptămână.

92. Grapefruit condensat îndulcit

FACE Aproximativ 275 G (1 CANA)

Ingrediente
- 225 g lapte condensat îndulcit [¾ cană]
- 30 g suc de grepfrut Tropicana Ruby Red [2 linguri]
- 2 g sare cușer [½ linguriță]
- 2 g acid citric [½ linguriță]
- 1 picătură colorant alimentar roșu

Directii
a) Combinați laptele condensat îndulcit, sucul de grapefruit, sarea, acidul citric și colorantul alimentar într-un castron mediu și amestecați cu o spatulă de cauciuc, amestecând și pliând amestecul până când acesta este omogen.
b) Utilizați imediat sau transferați într-un recipient ermetic și păstrați la frigider până la 2 săptămâni.

93. Caş de fructul pasiunii

FACE Aproximativ 360 G (1½ CANI)

Ingrediente
- 100 g piure de fructul pasiunii [½ cană]
- 65 g zahăr [⅓ cană]
- 2 oua
- 1 foaie de gelatină
- 170 g unt, foarte rece [12 linguri (1½ batoane)]
- 2 g sare cușer [½ linguriță]

Directii
a) Puneți piureul de fructul pasiunii și zahărul într-un blender și amestecați până când granulele de zahăr s-au dizolvat. Adăugați ouăle și amestecați la mic. Transferați conținutul blenderului într-o oală sau o cratiță medie. Curățați recipientul blenderului.

b) Infloreste gelatina.

c) Se încălzește amestecul de fructul pasiunii la foc mic, amestecând regulat. Pe măsură ce se încălzește, va începe să se îngroașe; fii atent la el. După ce fierbe, scoateți-l de pe aragaz și transferați-l în blender. Adăugați gelatina înflorită, untul și sarea și amestecați până când amestecul este gros, strălucitor și super neted.

d) Transferați amestecul într-un recipient termorezistent și puneți-l la frigider până când cașul s-a răcit complet, cel puțin 30 de minute.

94. Lemon curd

FACE Aproximativ 460 G (2 CANI)

Ingrediente
- 3 lămâi, cu coajă
- 100 g zahăr [½ cană]
- 4 ouă
- 1 foaie de gelatină
- 115 g unt, foarte rece [8 linguri (1 baton)]
- 2 g sare cușer [½ linguriță]

Directii

a) Stoarceți 80 g (⅓ cană) suc din lămâi.

b) Puneți zahărul, coaja de lămâie și sucul de lămâie într-un blender și amestecați până când granulele de zahăr s-au dizolvat. Adăugați ouăle și amestecați la mic. Transferați conținutul blenderului într-o oală sau o cratiță medie. Curățați recipientul blenderului.

c) Infloreste gelatina.

d) Se încălzește amestecul de lămâie la foc mic, amestecând în mod regulat. Pe măsură ce se încălzește, va începe să se îngroașe; fii atent la el. După ce fierbe, scoateți-l de pe aragaz și transferați-l în blender. Adăugați gelatina înflorită, untul și sarea și amestecați până când amestecul este gros, strălucitor și super neted.

e) Se toarnă amestecul printr-o sită cu plasă fină într-un recipient termorezistent și se pune la frigider până când lemon curd s-a răcit complet, cel puțin 30 de minute.

95. Croasante cu kimchi şi brânză albastră

FACE 5 CROSANTE

Ingrediente
- ½ porție de aluat matern, dozat
- 105 g făină, pentru pudrat [¼ cană]
- 1 porție unt Kimchi
- 200 g brânză albastră, mărunțită [7 uncii (1 cană)]
- 1 ou
- 4 g apă [½ linguriță]

Directii

a) Loviți și aplatizați aluatul pe un blat neted și uscat. Pudrați blatul, aluatul și un sucitor cu făină și întindeți aluatul într-un dreptunghi de aproximativ 8 × 12 inci și chiar în grosime. Luați tamponul cu unt din frigider și puneți-l pe o jumătate din dreptunghiul de aluat. Îndoiți cealaltă jumătate a dreptunghiului de aluat peste tamponul de unt și strângeți marginile în jurul acestuia. Se întinde cu folie de plastic și se lasă să se odihnească timp de 10 minute la temperatura camerei.

b) Pentru a face cornurile, va trebui să puneți 3 „carte duble" în aluat pentru a crea suficiente straturi alternante de făină și unt pentru a face cornurile să crească și să umfle în cuptor.

c) Pentru a face prima carte dublă să se întoarcă, pudrați blatul, sucitorul și aluatul cu făină, amintindu-vă să pudrați și sub aluat. Întindeți din nou aluatul până la un dreptunghi de 8 × 12 inci și chiar în grosime.

d) Fiți blând cu sucitorul, asigurându-vă să nu rupeți nicio parte a mănunchiului de unt sau să nu se ruleze atât de tare încât untul se rulează imediat din aluat. Asigurați-vă că nu a mai rămas o cantitate excesivă de făină pe sau sub aluat - curățați orice exces cu mâinile.

e) Împărțiți vizual aluatul în sferturi pe lungime. Îndoiți cele două sferturi exterioare spre axa centrală, sau coloana vertebrală, a dreptunghiului de aluat, astfel încât să se întâlnească în centru. Apoi închideți cartea, aducând o margine pentru a se întâlni cu cealaltă, cu coloana acum într-o parte. Înveliți-o lejer în plastic și transferați-l la frigider pentru 30 de minute.

f) Repetați pașii 2 și 3 încă de două ori pentru a face un total de 3 ture, de fiecare dată când începeți o tură, asigurați-vă că marginile deschise sau cusătura aluatului sunt îndreptate spre tine. Uneori scriem 1, 2 sau 3 pe plasticul pe care îl folosim pentru a înfășura aluatul în timp ce punem turele în el, pentru a nu pierde socoteala. Dacă dai prea multe rânduri, nu îți va răni aluatul; dacă sări peste unul, vei ajunge foarte dezamăgit de cornurile tale moi.

g) Pentru ultima și ultima rulare, pudrați suprafața blatului, sucitorului și aluatul cu făină, amintindu-vă să pudrați și sub aluat. Întindeți aluatul într-un dreptunghi care are 8 × 12 inci și chiar în grosime.

h) Cu un cuțit de toaletă sau un tăietor de pizza, tăiați aluatul în 5 triunghiuri, fiecare cu lungimea de 8 inci de la vârful cel mai ascuțit până la centrul părții transversale și 4 inci lățime în partea de jos.

i) Împărțiți brânza albastră printre cornuri, punând-o în centrul capătului lat de jos al fiecărui triunghi. Începând de la capătul brânzei albastre, folosiți o mână pentru a începe să rulați aluatul spre vârful triunghiului, în timp ce cealaltă mână ține vârful și îl întinde ușor.

j) Continuați până când triunghiul este complet rulat într-o formă de semilună. Asigurați-vă că vârful triunghiului este ascuns sub corpul semilunei, altfel se va desface în cuptor. Rulați resturile în noduri de croissant kimchi sau faceți pui de porci în pături!

k) Transferați cornurile într-o tavă tapetată cu pergament, aranjându-le la 6 inci una de alta. Acoperiți ușor cu plastic și

lăsați la temperatura camerei să își dubleze volumul, aproximativ 45 de minute.
l) Încinge cuptorul la 375°F.
m) Bateți oul și apa împreună într-un castron mic. Acoperiți cu generozitate partea de sus a cornurilor cu spălarea ouălor, folosind o perie.
n) Coaceți cornurile timp de 20 până la 25 de minute sau până când își dublează volumul, se caramelizează pe margini și au un strat exterior crus, care sună gol când le bateți. Sunt ucigașe din cuptor și delicioase la temperatura camerei.

96. Croasante cu curcan, elvețieni și muștar

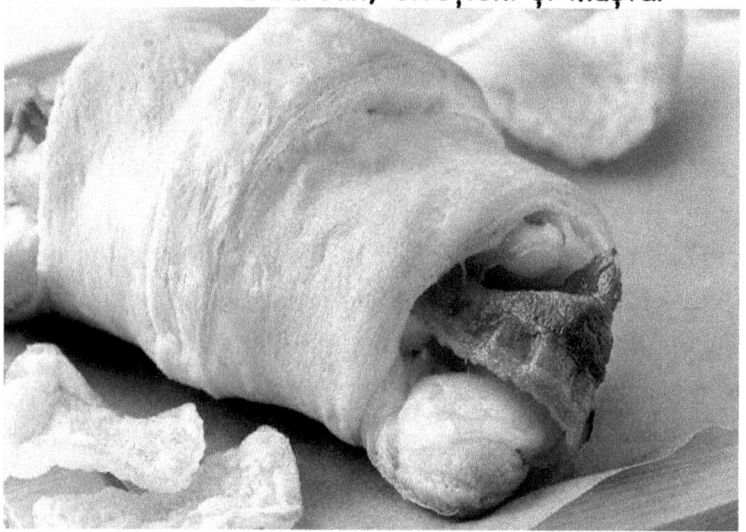

FACE 5 CROSANTE

Ingrediente
- ½ porție de aluat matern, dozat
- 105 g făină, pentru pudrat [¼ cană]
- 1 porție unt de muștar
- 130 g curcan feliat [5 uncii]
- 70 g brânză elvețiană mărunțită [2½ uncii (¾ cană)]
- 20 g maioneza [2 linguri]
- 1 ou
- 4 g apă [½ linguriță]

Directii
a) Urmați instrucțiunile pentru Croissants Kimchi până la pasul 5, înlocuind untul cu kimchi cu untul de muștar.
b) Cu un cuțit de toaletă sau un tăietor de pizza, tăiați aluatul în 5 triunghiuri, fiecare cu lungimea de 8 inci de la vârful cel mai ascuțit până la centrul părții transversale și 4 inci lățime în partea de jos. Împărțiți curcanul feliat între cele 5 cornuri, stivuind feliile în centrul capătului lat de jos al triunghiului. Aranjați brânza elvețiană deasupra curcanului, folosind degetele pentru a forma cuiburi. Puneți maioneza în cuiburile de brânză elvețiană.
c) Începând de la capătul lat de jos, folosiți o mână pentru a începe să rulați aluatul spre vârful triunghiului, în timp ce cealaltă mână ține vârful și îl întinde ușor. Continuați până când triunghiul este complet rulat într-o formă de semilună. Asigurați-vă că vârful triunghiului este ascuns sub corpul semilunei, altfel se va desface în cuptor. Rulați resturile în noduri de muștar sau faceți pui de porci în pături!
d) Transferați cornurile într-o tavă tapetată cu pergament, aranjandu-le la 6 inci una de alta. Acoperiți ușor cu plastic și lăsați la temperatura camerei să își dubleze volumul, aproximativ 45 de minute.

e) Încinge cuptorul la 375°F.
f) Bateți oul și apa împreună într-un castron mic. Acoperiți cu generozitate partea de sus a cornurilor cu spălarea ouălor, folosind o perie.
g) Coaceți cornurile timp de 20 până la 25 de minute sau până când își dublează volumul, se caramelizează pe margini și au un strat exterior crus, care sună gol când le bateți. Sunt ucigașe din cuptor și delicioase la temperatura camerei. Dacă dintr-un motiv ciudat nu se mănâncă imediat, împachetați-le individual în plastic și păstrați-le la frigider până la 3 zile. Ne place să prăjim cornurile înainte de a mânca în a doua și a treia zi.

97. Tartă cu merișoare cu susul în jos

Randament: 1 porție

Ingrediente
- ⅔ cană zahăr
- 3 linguri de apă
- 6 mere de tartă, decojite, fără miez și feliate subțiri
- 1 cană Merișoare
- 3 linguri de zahăr
- 1 lingura de unt
- 1 coajă de plăcintă necoaptă

Directii
a) Fierbeți ⅔ cană de zahăr și 3 linguri de apă într-o cratiță mică acoperită timp de 5 minute. Acoperiți și fierbeți până se obține un caramel gros auriu.
b) Se ia imediat de pe foc pentru ca caramelul să nu se ardă. Se toarnă într-o farfurie de plăcintă din sticlă sau metal de 10 inchi. Rotiți pentru a acoperi fundul.
c) Suprapuneți o treime din feliile de mere pe caramel.
d) Acoperiți cu o treime din merișoare și stropiți cu 1 lingură de zahăr. Repetați de două ori cu restul de fructe și zahăr, ungeți cu unt.
e) Așezați aluatul lejer peste fructe. Se coace la 400 pentru 30 de minute. Scoateți pe grătar și răciți 5 minute. Înclinați farfuria de plăcintă peste vasul mic și turnați toate sucurile acumulate. Întoarceți farfuria de servire peste plăcintă. Întoarceți amândouă împreună.
f) Ridicați farfuria de plăcintă. Serviți tarta caldă cu înghețată de vanilie.

98. Tarta cu mere zmeura

Randament: 8 portii

Ingrediente
- 1 cană făină universală
- ½ lingurita Sare
- ⅓ cană Scurtare
- 2 linguri apă rece; pana la 3
- 1 ou; separat
- 23 uncii de sos de mere gros
- 1 cană zmeură proaspătă SAU 10 oz. pachet. înghețat; dezghețat, scurs
- 2 linguri de zahăr
- ½ linguriță scorțișoară
- ¾ cană făină universală
- ½ cană zahăr brun ambalat ferm
- ½ linguriță scorțișoară
- ⅓ cană margarină sau unt; înmuiat

Directii
a) Încinge cuptorul la 400F.
b) Într-un castron mediu, combinați făina și sarea. Folosind blenderul de patiserie sau 2 cuțite, tăiați shortenajul în amestecul de făină până când particulele sunt de mărimea unei mazăre mici.
c) Adăugați treptat apă, amestecând cu furculița până când amestecul este umezit.
d) Adunați aluatul în bila. Aplatiza mingea. Întindeți pe suprafața ușor înfăinată de la centru la margine într-un cerc cu 1½ inci mai mare decât tava de tartă răsturnată de 9 inci.

e) Îndoiți aluatul în jumătate; puneți în tigaie. Desfășurare; apăsați în partea de jos și în sus a tigaii. Tăiați marginile dacă este necesar.

f) Coaceți la 400F timp de 5 minute. Scoateți din cuptor; reduceți temperatura cuptorului la 375F. Într-un castron mic, bate albușul. Ungeți întreaga suprafață a crustei parțial coapte. Rezervați gălbenușul pentru umplutură.

g) Într-un castron mediu, combinați sosul de mere, zmeura, zahărul, ½ linguriță de scorțișoară și gălbenușul de ou. Se toarna in tava tapetata cu patiserie.

h) Într-un castron mediu, combinati toate ingredientele pentru topping; se presara peste amestecul de fructe. Coaceți la 375 F timp de 40 până la 50 de minute sau până când blatul este maro auriu.

i) Misto; îndepărtați părțile laterale ale tigaii. Se serveste cu frisca.

99. Tarta cu anghinare

Randament: 8 portii

Ingrediente
- 1 crustă de plăcintă coaptă în orb într-un flaut de 10; d
- 1 tava de tarta
- 2 linguri ulei de masline
- 1-uncie panceta; juliană
- ½ cană ceapă tocată
- 2 linguri de eșalotă tocată
- Inimioare de anghinare tăiate juliană de 6 uncii
- 1 lingura de usturoi tocat
- ¼ cană smântână groasă -; (la 1/2 cana)
- 3 linguri sifonada de busuioc proaspat
- 1 suc de o lamaie
- ½ cană de brânză Parmigiano-Reggiano rasă
- ½ cană brânză asiago rasă
- 1 sare; la gust
- 1 piper negru proaspăt măcinat; la gust
- 1 cană sos de roșii cu ierburi; cald
- 1 lingura busuioc chiffonada
- 2 linguri de parmezan ras

Directii

a) Preîncălziți cuptorul la 350 de grade. Într-o tigaie se încinge uleiul de măsline.

b) Se caleste pancetta timp de 1 minut. Adăugați ceapa și eșalota, căleți timp de 2 până la 3 minute. Adăugați inimile și usturoiul și continuați să soțiți timp de 2 minute. Adăugați smântâna. Asezonați cu sare și piper. Se amestecă busuiocul și sucul de lămâie. Luați de pe foc și răciți. Întindeți amestecul de anghinare pe fundul tăvii de tartă. Presărați brânzeturile peste amestec. Coaceți timp de 15 până la 20 de minute sau până când brânzeturile s-au topit și sunt aurii. Puneti o lingura de sos in centrul farfurii. Asezati o felie de tarta in centrul sosului.

c) Se ornează cu brânză rasă și busuioc.

100. Tartă cu afine

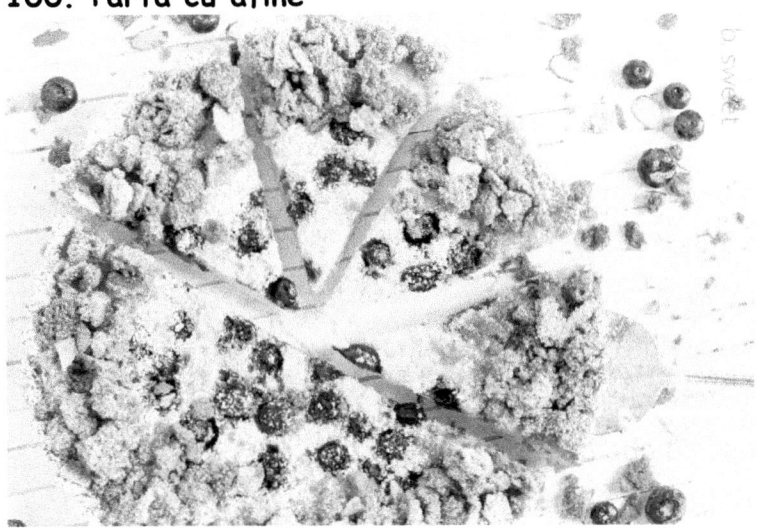

Randament: 1 porție

Ingrediente
Coajă
- 1½ cană făină universală
- ¼ cană de zahăr
- ¼ lingurita Sare
- ¼ de kilogram unt rece; bucăți tăiate
- 1 ou mare; bate cu
- 2 linguri apă cu gheață
- Orez crud; pentru cântărirea cochiliei

Umplutură de zară
- 1 cană de zară
- 3 galbenusuri mari
- ½ cană de zahăr
- 1 lingura coaja de lamaie; grătar
- 1 lingura suc proaspat de lamaie
- ½ lipi de unt nesarat; se topește, se răcește
- 1 lingurita de vanilie
- ½ lingurita Sare
- 2 linguri făină universală
- 2 căni de afine; alege peste
- Zahăr de cofetar

Directii
COAJĂ

a) Într-un bol, amestecați făina, zahărul și sarea. Adăugați untul și amestecați până când amestecul seamănă cu o făină grosieră. Adăugați amestecul de gălbenușuri, amestecând până când lichidul este încorporat și formați aluatul într-un disc. Pudrați aluatul cu făină și răciți, învelit în folie de plastic, 1 oră. Întindeți aluatul de $\frac{1}{8}$" grosime pe o suprafață cu făină și puneți-l într-o tavă de tartă de 10" cu o margine canelată detașabilă.

b) Răciți coaja cel puțin 30 de minute sau, acoperit, peste noapte. Preîncălziți cuptorul la 350~. Tapetați coaja cu folie și umpleți cu orez. Coaceți coaja în mijlocul cuptorului timp de 25 de minute. Scoateți folia și orezul cu grijă și coaceți coaja încă 5 minute sau până când devin aurii. Se răcește coaja în tigaie pe un gratar.

UMPLERE

c) Într-un blender sau procesor amestecați ingredientele de umplutură până la omogenizare. Răspândiți afinele uniform în partea de jos a cochiliei. Se toarnă umplutura de zară peste afine și se coace în mijlocul cuptorului 30 până la 35 de minute sau până când tocmai se fixează.

d) Scoateți marginea tăvii și răciți tarta complet în tavă pe grătar. Cerneți zahărul de cofetă peste tartă și serviți la temperatura camerei sau răcit cu înghețată de afine.

Milton Keynes UK
Ingram Content Group UK Ltd.
UKHW051946070823
426447UK00015BA/945